U0554938

天津市
全国重点文物保护单位概览

An Overview of Major Historical and Cultural Sites protected at the National Level in Tianjin

（第一批至第七批）

天津市文物局　编

文物出版社

图书在版编目（CIP）数据

天津市全国重点文物保护单位概览：第一批至第七批/天津市文物局编；黄永刚主编. －北京：文物出版社，2016.7

ISBN 978-7-5010-4418-4

Ⅰ.①天… Ⅱ.①天… ②黄… Ⅲ.①名胜古迹－介绍－天津市②文化遗址－介绍－天津市 Ⅳ.①K928.702.1②K878

中国版本图书馆CIP数据核字(2015)第246794号

天津市全国重点文物保护单位概览（第一批至第七批）

编　　者：天津市文物局

主　　编：黄永刚

责任编辑：李克能
　　　　　冯冬梅
封面设计：张希广
装帧设计：远·顾
责任印制：陈　杰

出版发行：文 物 出 版 社
地　　址：北京市东直门内北小街2号楼
邮　　编：100007
网　　址：http://www.wenwu.com
邮　　箱：web@wenwu.com
制版印刷：北京荣宝燕泰印务有限公司
经　　销：新华书店
开　　本：889mm×1194mm　1/16
印　　张：16.5
版　　次：2016年7月第1版
印　　次：2016年7月第1次印刷
书　　号：ISBN 978-7-5010-4418-4
定　　价：350.00元

本书版权独家所有，非经授权，不得复制翻印

《天津市全国重点文物保护单位概览》
编辑委员会

主　　编：黄永刚

副 主 编：游庆波　杨大为　梅鹏云（执行）

编　　辑：程绍卿（执行）　邵　波　郭　洧

　　　　　赵　晨　齐　静　戴　滨　张　瑞

　　　　　张　烨　宋爱斌　刘　健　闫雅苹

目 录

序

天津市位于华北平原北部、海河下游，东临渤海，北依燕山。考古发现与研究表明，早在10万多年以前的旧石器时代，在天津北部的山区和山前丘陵地带就已经出现早期人类活动，并留下了丰富的物质文化遗存。天津市因其历史悠久、文化底蕴深厚、文物资源丰富，1986年被国务院公布为第二批中国历史文化名城。

根据最新文物普查成果，天津市域内现有各类不可移动文物共计2082处，涵盖古遗址、古墓葬、古建筑、石窟寺及石刻、近现代重要史迹及代表性建筑六大类型。在上述不可移动文物中，有世界文化遗产2处，全国重点文物保护单位28处，省（直辖市、自治区）级文物保护单位 212处。如果按照单位面积分布文物数量计算，天津平均每百平方千米分布不可移动文物的数量达到17.5处。因此，天津在文物总量上虽然算不上是文物大省，但是在文物资源的丰富程度与特色上，和文物大省相比并不逊色。

天津的2000余处不可移动文物，年代序列完整，特色鲜明，价值突出。从距今万年以上的旧石器遗存到距今百年的近现代建筑和工业遗产，真实地记录了天津地区人类从北部山地向南部海洋不断拓展生产生活空间的历史过程，记录了天津城市发展的空间演变过程及城市发展与环境变迁的关系，也成为天津万年以上的人文史和近千年的城市史的重要实物载体。同时，天津还是拥有集长城、大运河、明清海防遗存为代表的三个跨区域、大尺度文化遗产于一身的省份，也充分体现了天津山、河、海兼具的自然环境特点，在全国屈指可数。

近代天津开埠，对现代天津城市发展格局、城市风貌、城市文化都产生极为深刻的影响，也为天津留下数量众多的文物建筑遗产。据统计，目前仅天津近现代重要史迹及代表性建筑的数量就达975处，接近全市文物总量的一半。这些文物史迹风格迥异、各具特色，充分体现了天津融多元文化于一身的鲜明城市文化特色与个性，为天津赢得了"中华百年看天津"的美誉。

天津市域内的各类不可移动文物，是天津地域文化的重要载体，也是当代天津可持续发展的重要文化资源，做好这些文物的有效保护与存续利用，是天津市各级文物部门的职责所在。近年来，在天津市委、市政府的正确领导与国家文物局的关心指导下，天津市的文物保护事业又取得了长足的进展。经过第三次全国文物普查，全面系统地摸清了全市各类不可移动文物的家底；公布了第七批全国重点文物保护单位和第四批天津市文物保护单位，使全市文物数量和质量有了大幅提升；大运河天津段成功申报世界文化遗产，使天津市世界文化遗产的数量增至2处；陆续组织实施了蓟县独乐寺、白塔、黄崖关长城修缮等一系列重要文物保护项目，使一大批具有重要历史文化价值，但濒临危险的文物保护单位得到了合理修缮；启动实施《天津市境内国家级、市级文物保护单位保护区划》，合理划定重点文物保护单位的保护范围和建设控制地带，为进一步做好保护管理工作提供了法律依据；加强记录档案管理工作，完成全市全国重点文物保护单位和天津市文物保护单位记录档案的著录工作，进一步夯实了文物保护工作的基础。自2014年开始，天津市财政增设专项经费，逐年安排一定数量的专项资金用于天津市重点文物的保护与维修工程。这一举措对于全市文物保护事业的全面协调可持续发展，提供了坚实的物质保障。

自今年年初开始，天津市文物局组织开展了《天津市全国重点文物保护单位概览》与《天津市文物保护单位概览》书稿的编撰工作，这也是天津市文物部门组织开展的第一次全面、系统地介绍天津市重要不可移动文物的书籍编撰工作。相信上述系列图书的编辑出版，对于宣传天津优秀历史文化遗产，弘扬天津深厚历史文化底蕴，彰显天津历史文化名城特色与个性，提升公众对于天津悠久历史的文化认同与文化自觉，都具有重要意义。

是为序。

天津市文物局局长 黄永刚

2015年3月13日

天津市全国重点文物保护单位公布名称

序号		名　称	序号		名　称
1		千像寺造像	5		卞万年旧居
2		独乐寺	6		孙氏旧居
3		蓟县白塔	7		金邦平旧居
4		天尊阁	8		张自忠旧居
5		黄海化学工业研究社旧址	9		陈光远旧居
6		塘沽火车站旧址	10		李勉之旧居
7		北洋水师大沽船坞遗址	11		安乐邨公寓楼
8		大沽口炮台	12		纳森旧居
9		大运河	13		卞氏旧居
	1	十四仓遗址	14		誉玉甫旧居
	2	北、南运河天津三岔口段	15		曾延毅旧居
10		石家大院	16		林鸿赉旧居
11		李纯祠堂	17		龚心湛旧居
12		南开学校旧址	18		关麟征旧居
13		天津广东会馆	19		陶氏旧居
14		天后宫	20		李氏旧居
15		谦祥益绸缎庄旧址	21		顾维钧旧居
16		义和团吕祖堂坛口遗址	22		周志辅旧居
17		天津西站主楼	23		疙瘩楼
18		北洋大学堂旧址	24		张绍曾旧居
19		望海楼教堂	25		张学铭旧居
20		梁启超旧居	26		雍剑秋旧居
21		马可·波罗广场建筑群	27		蔡成勋旧居
	1	马可·波罗广场西北面楼	28		庆王府旧址
	2	马可·波罗广场东北面楼	29		曹锟旧居
	3	马可·波罗广场	30		孙季鲁旧居
	4	马可·波罗广场西南面楼	31		张作相旧居
22		天妃宫遗址	32		李叔福旧居
23		盐业银行旧址	33		伪满洲国领事馆旧址
24		法国公议局旧址	34		孙殿英旧居
25		天津劝业场大楼	35		许氏旧居
26		天津利顺德饭店旧址	36		北洋总统徐世昌之三女旧居（马场道44号、46号）
27		天津五大道近代建筑群			
	1	徐世章旧居	37		北洋总统徐世昌旧居（马场道42号）
	2	吴颂平旧居	38		英国文法学校旧址
	3	高树勋旧居	39		潘复旧居
	4	周叔弢旧居	28		天津工商学院主楼旧址

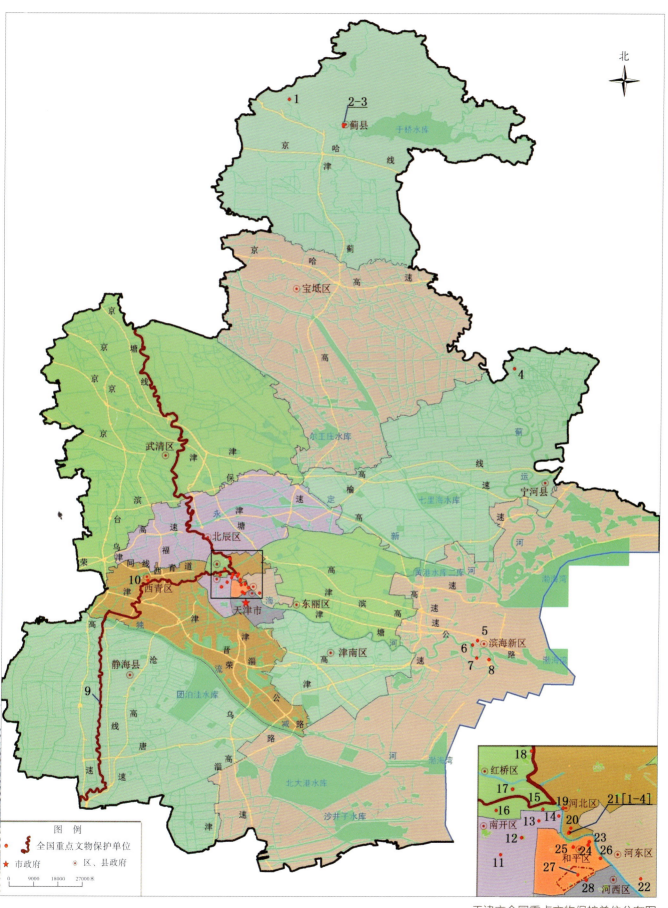

1

2-3
蓟县

宝坻区

4

京哈线

京哈高速

京津塘高速

京津高速

津保高速

武清区

北辰区

10
西青区

天津市

东丽区

津南区

宁河县

滨海新区

5
6
7   8

静海县

9

团泊洼水库

北大港水库

沙井子水库

图　例
全国重点文物保护单位
市政府
区、县政府
0　9000　18000　27000米

18
红桥区
17
16
南开区
13
12
11
15
19 河北区
14
20
21[1-4]
23
25 24 26 河东区
27 和平区
28 河西区
22

天津市全国重点文物保护单位分布图

天津市
全国重点文物保护单位概览

An Overview of Major Historical and Cultural
Sites protected at the National Level in Tianjin

古建筑

Ancient Architecture

独乐寺

第一批全国重点文物保护单位

独乐寺坐落于天津市蓟县城关镇武定街41号，始建于隋。主体建筑山门、观音阁为辽圣宗统和二年（984年）重建。建筑群坐北朝南，从东到西由三组院落组成。东路正殿三间是清帝辟建的行宫，为赴东陵谒陵途中休息之所。中路除山门、观音阁，还有韦驮亭、前殿、后殿及东西配殿。西路有门房、正房、四合院等，原为僧房，均为清代所建。总平面呈长方形，南北长150米，东西宽110米，总面积16500平方米。山门平面呈长方形，面阔三间，进深二间。梁柱粗壮，斗拱雄硕，生起和侧脚明显。顶作五脊四坡庑殿式，正脊两端的鸱吻为辽代原物。观音阁面阔五间，进深四间，上下两层，中间设平座暗层，实为三层，通高23米。斗拱繁简各异，共计24种，152朵。阁内耸立十一面观音像，高16.08米。两侧侍立的胁侍菩萨，以及山门内金刚力士像均为辽塑精品。阁下层四壁布满壁画，画幅高3.15米，全长45.35米，元代始画，明代重描。1932年，著名建筑学家梁思成先生对独乐寺观音阁、山门进行了实地考察测绘并发表调查报告《蓟县独乐寺观音阁山门考》，称独乐寺为"上承唐代遗风，下启宋式营造，实研究我国（中国）建筑蜕变之重要资料，罕有之宝物也"。这是中国人首次用科学方法对辽代建筑进行的研究，由此开始了中国人对辽代建筑研究的科学阶段。独乐寺保持着中国数项建筑之最，如：独乐寺山门是我国现存最早的庑殿顶山门；保存了我国现存古建筑屋顶年代最早的鸱吻；最早的分心斗底槽实例；最早的直枓实例；观音阁是我国现存最古老的木结构楼阁；最早出现结构层实例；最早出现叉柱造；最早使用普柏枋；最早的木藻井；最早的木勾阑等。1972年成立的蓟县文物保管所对独乐寺进行专职管理。独乐寺于1980年正式对外开放。

1961年，独乐寺由国务院公布为第一批全国重点文物保护单位。

独乐寺匾额

独乐寺全景（航拍）

独乐寺山门

独乐寺山门梁架

独乐寺山门内檐转角铺作

金刚塑像（一）

金刚塑像（二）

独乐寺观音阁

观音阁二层东侧翼角

观音阁二层西侧翼角

观音阁一层匾额

"观音之阁"牌匾

观音阁一层内槽转角铺作

观音阁一层内槽转角铺作

观音阁明间柱头及补间铺作

观音及胁侍菩萨

十一面观音像

十一面观音像→

东侧胁侍菩萨

西侧胁侍菩萨

观音阁三层

韦驮亭

观音阁一层壁画

观音阁一层壁画

^清天津广东会馆

第五批全国重点文物保护单位

广东会馆位于南开区南门里大街31号，由唐绍仪、凌润苔、梁炎卿、冯商盘、陈子珍等44名旅津粤籍人士捐款兴建。会馆始建于清光绪二十九年（1903年），历时四年（1907年）修建而成。主体建筑平面呈长方形，南部为四合院，北部为戏楼，东西两侧为贯通南北的箭道。会馆正门南侧为砖砌照壁（20世纪50年代被拆除）。正门为一座高大门厅，砖石结构，门额镌刻"广东会馆"四字。后檐明间设木质可敞开式屏门，上方高悬"岭海珠辉"四字木匾。广东会馆是天津市现存会馆建筑中规模最大、保存最完整的一座。建筑采用我国传统的四合院砖木结构体系，融合南方和北方建筑手法，瓦顶和墙体为北方风格，内檐装修又具广东潮州特色，其建筑形制为我国会馆建筑少见。

戏楼是会馆的主体建筑，是我国目前规模最大、保存最为完好的古典式戏楼，为一座二层楼的四合院。南侧为戏楼的后台，上下两层，后台向北伸出舞台。特别是舞台吊顶采用悬臂结构，前台的两根柱子不落地，而做成垂莲柱（似垂花门）挑悬空中，以不遮挡观众视线。这在我国早期戏楼（包括皇家戏楼）中，尚属罕见。会馆装修，以木雕为主，辅以砖、石雕刻，无一不精。戏台木雕为其精华所在，天幕正中镶嵌大幅"天官赐福"镂空彩色木雕，构图紧凑匀称，刀法娴熟细腻，堪称艺术杰作。北、东、西三面楼下为廊座，楼上辟为包厢，戏楼四角均设楼梯。整个建筑以青砖墙封护，戏楼内采用木结构。广东会馆的戏楼，以空间跨度大、结构巧妙、装修精美、演出音质效果良好著称。

广东会馆人文历史内涵丰富。会馆的创建与天津盐业、洋行和广帮商贸发展息息相关，为近代天津知名的戏剧演出场所。1912年孙中山先生北上途中，曾在会馆发表重要演讲。五四运动时期，邓颖超等"觉悟社"社员曾在此举办募捐义演；天津总工会最早的会址，也设在广东会馆等。

1982年，广东会馆由天津市人民政府公布为天津市文物保护单位，2001年由国务院公布为第五批全国重点文物保护单位。

广东会馆门厅正面

前厅外檐

广东会馆戏楼内景

广东会馆前厅内景

"天官赐福"木雕细部

戏台藻井

戏楼梁架仰视

戏楼木雕细部

前台垂莲柱木雕细部

前台垂莲柱木雕细部

木雕细部

木雕细部

木雕细部

清 石家大院

第六批全国重点文物保护单位

石家大院位于西青区杨柳青南运河北岸、御河桥西。石家大院始建于光绪初年，由津西首富石元仕及其兄石元俊精心设计构筑，是石氏家族乃至天津"盐商八大家"兴衰历史的缩影。

石家大院坐北朝南，占地面积7500平方米，大小房屋200余间。建筑平面呈长方形，南北长，东西短，是一座遵循中国传统布局和建筑风格的幽深院落。大院东南隅设大门，施台阶，以方便物、轿出入。西南隅设大门，供人员日常出入。西北隅设便门，既方便实用又与风水堪舆要求契合。主体戏楼、客厅、佛堂串联组成多个四合院。箭道东侧为五进四合院的居住区，西侧由长廊等三个院落组成学堂、花园和男佣居住区，东跨院为女佣居住和车马出行区。此类布局和分区，为天津"四合套"大型宅第的代表作。

戏楼处于整个宅院中心位置，建筑面积410平方米，长33.3米，宽12.3米，最高处9米，立柱54根，为砖木抬梁式结构。建筑布局是南北两个双脊大厅与中间一个大厅联在一起。厅内的

石家大院全景

雀替、隔扇、柱头等木雕，台阶、基石上的石雕装饰均极为考究。前方戏台20平方米，台口6.5米。当年著名京剧表演艺术家孙菊仙、余叔岩、龚云甫等人曾在此唱过堂会。戏楼建筑结构设计巧妙，有地炉取暖设施。

石家大院整个建筑用材考究，做工精细，其建筑工程均为青石高台，磨砖对缝。院内的排水、取暖等设施完善。房屋结构均为抬梁式，以砖砌实墙或隔扇来围护分隔空间。各院落纵向、横向分布，以围墙封闭，画栋雕梁、花棂隔扇。油漆彩绘。院内大部分的门楼设计巧妙，别具匠心。整个建筑上的砖木石雕装饰不但纹样繁缛、古朴典雅、刻工精美，而且寓意吉利、祥和，极其丰富、巧妙。

1991年，石家大院由天津市人民政府公布为天津市文物保护单位。2006年由国务院公布为第六批全国重点文物保护单位。

石家大院

石家大院内景→

石家大院大门

石家大院戏楼

院内垂花门

垂花门背面

箭道

抱鼓石

箭道

梁架和木雕

←大院边廊

院落

京杭大运河

春秋至清

第六批全国重点文物保护单位

天津市全国重点文物保护单位概览

040

　　京杭大运河是世界上里程最长，工程最大，最古老的运河之一。为春秋至清代的运河古建筑，开凿至今已有2500年的历史，其南起余杭（今杭州），北到涿郡（今北京），途经今浙江、江苏、山东、河北四省及天津、北京两市，贯通海河、黄河、淮河、长江、钱塘江五大水系，全长约1797公里。运河对中国南北地区之间的经济、文化发展与交流起了巨大作用。部分河段仍具有通航功能。

　　京杭大运河天津段北起武清区庄窝闸，向南止于静海区九宣闸，全长195.5公里，分为北运河和南运河两段。南运河最早可追溯至东汉建安十一年（206年）开凿的平虏渠，北运河最早可追溯至金泰和五年（1205年）开辟的潞水漕渠，至元代全线贯通。分别流经静海区、西青区、南开区、红桥区、河北区、北辰区、武清区7个区，在天津市三岔河口交汇入海河。考古调查显示，运河沿线遗存丰富，分布有战国至元明清时期的古遗址、古墓葬、古建筑基址、古码头等不同类型的不可移动文物约180余处，包括运河水工遗存、运河附属遗存以及与其关联密切的运河相关遗产，其中大部分遗址为天津市境内首次发现，极大丰富了本市运河文化遗产资源的内涵。2012年5月天津市文化遗产保护中心在天津北辰区双街镇张湾村的京杭大运河河段清理出三艘明代沉船，出土了元、明、清时期铜、铁、瓷、陶、骨、木、竹等不同质地文物共600余件。这三艘沉船的发现对于研究中国古代漕运史、水利史、船舶制造史都有非常重要的价值。

　　2006年京杭大运河由国务院公布为第六批全国重点文物保护单位，2013年，公布第七批全国重点文物保护单位时将浙东运河和隋唐大运河与第六批全国重点文物保护单位京杭大运河合并，名称改为"大运河"。

　　2014年6月22日，大运河被列为世界文化遗产，71公里的天津北、南运河三岔口河段和十四仓遗址包含其中。北、南运河天津三岔口段，是北方城区运河典型段落之一，其北起北运河与龙凤河交叉处，向南沿北运河至三岔河口处再向西折，沿南运河直至杨柳青镇止，包括西青区、红桥区、南开区、河北区、北辰区和武清区6个区的河段，遗产区面积为975公顷。北、南运河交汇的三岔口是元代以来河漕与海漕转运的节点，见证了漕运的发展历史和天津城市的兴盛。

北、南运河天津三岔河口

北运河

北运河河道

南运河

南运河河道

元影青扁壶　　　　　磁州窑四系瓶　　　　龙泉窑影青小狮　　　"皇甫"铜权

十四仓遗址出土遗物

十四仓遗址

大运河武清段

筐儿港坝康熙题"导流济运"石碑

筐儿港坝乾隆题诗"导流还济运"石碑

蓟县白塔

第七批全国重点文物保护单位

　　蓟县白塔又名独乐寺塔、渔阳郡塔，位于独乐寺南300米塔前胡同与津围公路交口处。建于辽统和年间，辽清宁四年（1058年）重建，在明嘉靖、隆庆、万历和清乾隆年间重修。嘉靖十二年（1533年）在塔前修建观音寺，塔身白色，所以亦称观音寺白塔。

　　蓟县白塔平面八角形，全高30.6米，从下至上分为基座、塔身、塔刹（相轮）三部分，砖石混合结构。基座两层，下层用条石砌作高台，上层砖砌一层须弥座加平座栏杆。平座用双杪五铺作。栱眼壁、须弥座和栏杆满布雕刻，具有辽代风格。一层塔身八角用经幢式倚柱，四正面砌券门，其余四面刻偈语。塔身以上用两种样式砌出双重檐，灰筒板瓦。檐上又砌一层台座，上置覆钵，装饰如意式挂落。覆钵上叠涩出檐，砌十三层相轮，加铜塔刹。塔前立有明万历和清乾隆年间维修白塔石碑各一块，两碑之间有了辽乾统九年（1109年）立《千手千眼观世音菩萨大悲心陀罗尼》经幢一座。

　　蓟县白塔是楼阁式和覆钵式塔的结合，造型奇特，是中国古塔中存量比较稀少的一种类型。

　　蓟县白塔砖雕种类繁多，内容丰富，辽塔中常见的门户、栏板、斗拱、佛像、神兽、伎乐以及海石榴、牡丹等各种花卉图案，应有尽有。其中大量题材，如门楣、飞天等皆继承唐代装饰艺术，备显幽雅古朴，熟练地运用了宋《营造法式》所记载的四种雕刻技法，线条流畅，刀法洒脱，属砖雕艺术上品。

　　根据历史文献和现有碑记所记载，在辽清宁，明嘉靖、隆庆、万历和清乾隆年间都对白塔进行过较大规模的维修。1976年唐山地震，白塔受到严重破坏。1982年，国家进行抢救性维修，发现古塔已经过两次包砖大修，并于塔内发现辽清宁四年（1058年）舍利石函，藏有珍贵文物百余件。

　　1962年，白塔由天津市人民委员会公布为天津市文物保护单位。2013年，由国务院公布为第七批全国重点文物保护单位。

白塔全景

白塔前观音寺

白塔斗拱及拱间砖雕

白塔上偈语

←白塔

白塔壶门伎乐雕砖（西面左）

白塔壶门伎乐雕砖（东南面左）

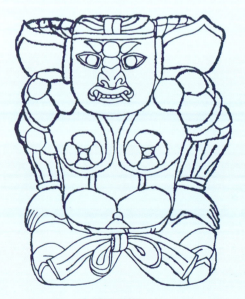

白塔砖雕花角神

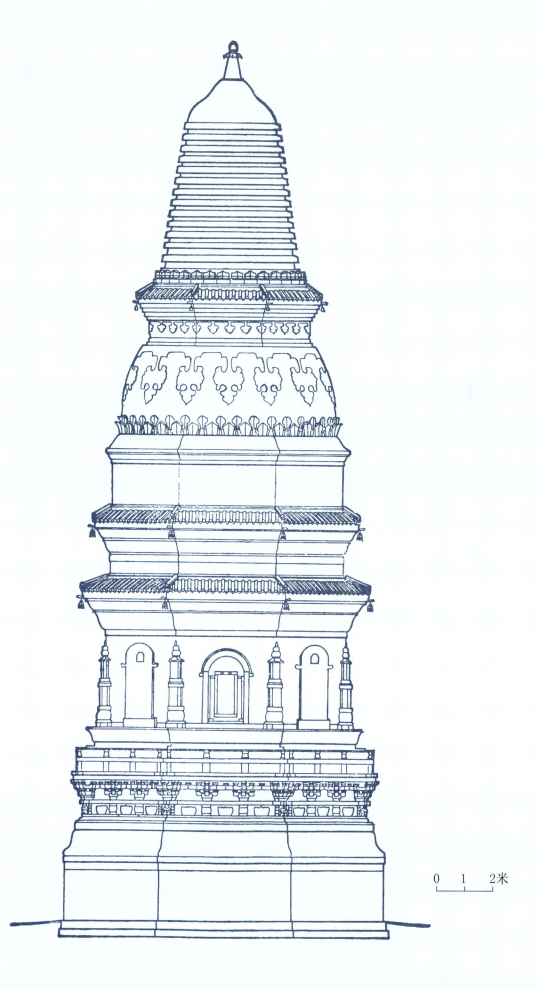

0　　1　　2米

白塔实测图

天后宫

第七批全国重点文物保护单位

　　天后宫位于南开区古文化街80号。天后宫在元明两代称天妃宫，清康熙以后称天后宫，俗称娘娘宫。天后宫始建于元泰定三年（1326年），明永乐元年（1403年）重建。明清两代屡加修葺、重建和增建。民国初年，废庙兴学，天后宫内西南角曾设"第一乙种商业学校"，1939年改为天后宫学校，宫内逐渐颓败，直至破败不堪。1985年经过修缮建立天津民俗博物馆，向社会开放。

　　天后宫占地面积5350平方米，建筑面积2233平方米。庙宇坐西朝东，面向海河，沿中轴线自东向西依次建有戏楼、幡杆、山门、牌楼、前殿、大殿、藏经阁、启圣祠。两侧配以钟楼、鼓楼、关帝殿、财神殿、其他配殿及过街楼张仙阁等建筑。其中戏楼、幡杆、山门、牌楼、前殿、大殿、藏经阁、启圣祠、张仙阁、钟鼓楼均为原有建筑。大殿是天后宫的主体建筑，平面呈"凸"字形，面阔三间，庑殿顶，前后均出卷棚抱厦，正面三间，背面一间，称为凤尾殿。大殿梁架和斗拱仍为明代原构，整座建筑具有明显的明代建筑风格。张仙阁是过街楼形式，横亘在古文化街上，屋顶前厦后殿座勾连搭，颇具特色。

　　天后宫建筑规模庞大，气势雄伟壮观，堪称津门第一庙，是海内外规模和影响较大的天后宫（妈祖庙）。天后宫建成早于天津城，在津门有"先有天后宫，后有天津卫"之说，天后宫见证了天津城市的建立和发展。

　　天后宫是元明清三代漕运中漕丁、渔夫等祭祀海神、祈求平安的场所。后逐渐形成了以天后为主神的群神相处的庙宇。它见证了天津城市发展与妈祖信仰传播的历史，至今仍是天津民俗文化和商业贸易中心之一。

　　1982年，天后宫由天津市政府公布为天津市文物保护单位。2013年，由国务院公布为第七批全国重点文物保护单位。

天后宫山门

天后宫鼓楼

天后宫钟楼

060

天后宫牌坊

天后宫戏楼→

大殿正面

天后宫前殿

前殿内部梁架及彩画

←大殿侧面

大殿梁架及彩画

启圣祠

藏经阁

天尊阁

第七批全国重点文物保护单位

天尊阁位于宁河区丰台镇南村，又名太乙观。为三层楼阁建筑，上为紫薇殿，中为王母殿，下为天尊阁。创建年代不详，清康熙年间（1662~1722年）重修，咸丰八年（1858年）油漆彩塑。1976年唐山大地震中，山门、东西配殿全部坍塌，但该阁木结构框架安然无恙。2006年9月和2009年进行全面修缮。

天尊阁平面长方形，占地面积240平方米，通高17.4米。面阔五间，一层的进深五间，往上逐层减少。三层檐自下而上分别施一斗三升、一斗三升交麻叶、三踩单下昂斗拱。殿中八根金柱，高12.07米，直达三层檐下，辅以廊柱和檐柱，前檐装修。一层明间开隔扇门，其余各间作槛窗；二层全部安装隔扇，三层的隔扇外再加栏杆。左右两山和后檐墙的厚度由下往上逐层减薄。歇山顶，灰筒板瓦屋面，花脊。

天尊阁距离1976年唐山大地震的震中仅45千米，木构架经受了高烈度地震的考验，对于研究300年来津唐地区地震的发生和房屋抗震具有一定的科学价值。

1997年、2000年分别重建了山门和西配殿，天尊阁主体于2006年9月重修。2009~2010年，整体建筑群进行了全面修缮。

1982年7月9日，天尊阁由天津市政府公布为天津市文物保护单位。2013年3月5日，由国务院公布为第七批全国重点文物保护单位。

天尊阁

"天尊阁" 匾额

"王母殿" 匾额

"三清殿"匾额、楹联

文昌阁后面

天尊阁山门文昌阁

天尊阁内部梁架

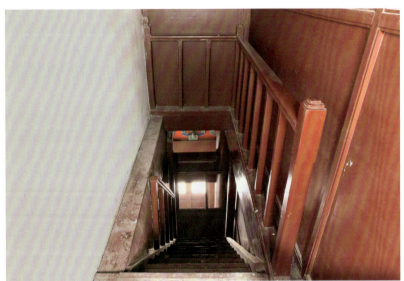

楼梯

二层内檐

神像

河门相助佛门姻盛逢

^清｜李纯祠堂

第七批全国重点文物保护单位

李纯祠堂位于南开区白堤路82号。祠堂由三进院落组成，占地面积18000平方米，建筑面积2800平方米。祠堂的建筑构件拆迁自北京清庄亲王府。1900年清庄亲王载勋在王府设立义和拳坛，后遭到八国联军的纵火焚烧，大部分建筑被焚毁。1913年江西都督李纯及其弟李馨买下残毁的庄亲王府，拆运天津，于1914~1924年建成李纯家祠。20世纪30~50年代，祠堂先后用作兵营、职工宿舍。1958年修缮后辟为南开区人民文化宫。李纯祠堂建筑群由南向北依次由照壁、石牌坊、华表、玉带河、宫门、华厅、伴戏房、戏台、正殿、东宫门、后殿等组成。绿琉璃瓦，雕梁画栋，鎏金彩绘，富丽堂皇，装饰颇为讲究。李纯祠堂保存了清代官式建筑的特征，是研究清代末年至民国初期官式建筑的重要资料，具有重要的历史价值与艺术价值。

李纯祠堂是天津市区现存规模最大的古建筑群。是清、民国时期的历史见证，见证了庄亲王府的兴衰、"庚子事件"以及庄亲王载勋、北洋军阀李纯等重大历史事件及有关历史人物。

1982年，李纯祠堂由天津市政府公布为天津市文物保护单位。2013年，由国务院公布为第七批全国重点文物保护单位。

李纯祠堂大门

华表

牌坊

石桥

府门细部

府门

戏楼正面

戏楼

垂花门

戏台的藻井

大殿正面

大殿彩画

彩画

转角科彩画

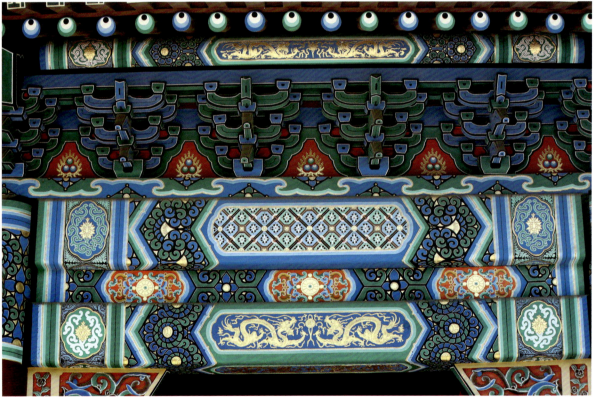

彩画

天花彩画→

天津市
全国重点文物保护单位概览

An Overview of Major Historical and Cultural
Sites protected at the National Level in Tianjin

古遗址

Ancient Sites

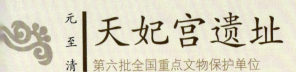

天妃宫遗址

第六批全国重点文物保护单位

　　天妃宫遗址位于河东区大直沽中路51号，始建于元代至元八年（1271年）至至元十二年（1275年），又称"天妃灵慈宫"，俗称"东庙"，为海运漕粮祈求妈祖保佑而建。元泰定、至正年间，明弘治年间、万历六年（1578年）曾经历重修。清代，天妃宫曾历经数次修葺，清光绪二十六年（1900年）毁于战争，光绪三十一年（1905年）复建三间大殿。1950年，天妃宫附近居住的市民将天妃宫中的神像拆毁，天妃宫随之彻底废除，大部分建筑被改为他用。

　　1998年12月~1999年1月，天津市考古工作队对遗址进行了发掘，发掘出元代建筑基址与明清时期天妃宫的大殿基址，以及大量的金、元、明、清建筑构件和生活用品。这次考古是第一次在天津市区范围内发现地层关系明确的元代遗存。

　　天妃宫遗址文化内涵丰富，层次清晰，是天津市区内堆积最厚的古代文化遗存。考古发掘证明，元明时期的天妃宫是等级较高的官庙。经国家文物局考古专家组的鉴定，该遗址为天津城市的原生点和发祥地。2002年，天津市政府在遗址处新建元明清天妃宫遗址博物馆对该遗址进行保护。

　　2006年5月，天妃宫遗址由国务院公布为第六批全国重点文物保护单位。

天妃宫遗址博物馆全景

天妃宫大殿建筑基址

博物馆陈列内景

博物馆陈列内景

天津市
全国重点文物保护单位概览

An Overview of Major Historical and Cultural
Sites protected at the National Level in Tianjin

石窟寺及
石刻

Cave Temple and Stone Carvings

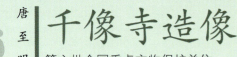

千像寺造像

第六批全国重点文物保护单位

094

　　千像寺造像位于蓟县官庄镇联合村北500米。千像寺最初名为"祐唐寺"，始建于唐开元年间，唐末毁于兵火，辽统和五年（987年）重修，明正统年间又修。千像寺依山势修建，坐北朝南，原有前、中、后三进建筑，占地面积7200平方米，抗日战争中皆被日军烧毁。现仅存中间大殿条石基址，建筑面积3500平方米。寺前有重修讲堂寺碑、摩崖线刻千佛像、千像寺石幢等文物。寺后有"无量寿佛"石窟。其中，《盘山祐唐寺创建讲堂碑》系辽初重修时所立，此碑文书法刚劲俊秀，是难得的艺术珍品，被誉为"京东第一碑"。

　　千像寺造像集中刊刻于辽代，现存线刻佛教造像535尊。造像风格一致，均以阴线刊刻在花岗岩质的巨大孤石或崖壁上。造像分立姿和坐姿两类，以立姿为主。造像大小不一，高矮参差不齐，有单尊像，也有各种组合姿势的多尊像。立姿高度一般为1.1～1.5米，最大者2.2米。坐姿高度一般为0.9米，最小者0.6米。佛像大部分背托佛光，脚踏仰覆莲花，身着开领袒右袈裟，右肩袒露，仪态端庄，形象高大，雕工古朴，风格独具，特点鲜明。千像寺造像是目前全国所见分布面积最广、体量最大的辽代民间石刻造像群，造像形态丰富，线条凝练，标志了辽代民间传统镌刻技法的最高成就。它是蓟县及盘山地区为中国佛教传播中心地之一的重要史证，也是研究佛教史、佛教考古的珍贵实物资料。

　　2006年，千像寺造像由国务院公布为第六批全国重点文物保护单位。

千像寺造像群全景 $\frac{1}{2}$

32号石刻造像全景

88号石刻第1尊倚坐造像

32号石刻第3、4尊
造像（左为比丘）→

75号石刻第4尊造像大日如来

59号石刻第4尊左手托钵、右手执杖立姿造像

45号石刻第3尊立姿观音造像

68号石刻立姿造像组合（右侧造像左手托钵、右手执杖）

33号石刻一佛二弟子造像组合

69号石刻造像全景

69号石刻第4尊造像

89号石刻第7尊造像

89号石刻造像全景

89号石刻结跏趺坐造像组合

59号石刻第3尊立姿造像

78号石刻第6～8号立姿造像（中为双手托钵）

105号石刻第2尊立姿造像

5号石刻第3尊结跏趺坐造像（左手托钵）

100号石刻结跏趺坐造像及榜题

16号石刻立姿造像组合及榜题

26号石刻左手托钵、右手执杖结跏趺坐造像　　　　　17号石刻第2、3号立姿造像

21号石刻造像全景

28号石刻第7尊立姿造像

40号石刻结跏趺坐造像
组合(左侧造像左手托钵)

75号石刻第1尊结跏趺坐造像

115号石刻第2尊形态独特的坐姿造像　　　　　　46号石刻造像榜题

盘山千像祐唐寺创建讲堂碑

契真洞

契真洞内明代浮雕菩萨坐像

81号石刻局部

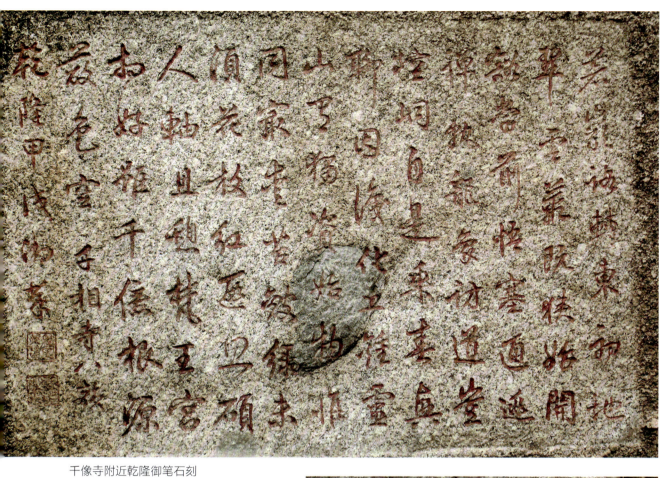

千像寺附近乾隆御笔石刻

清代乾隆帝御题诗刻打破96号石刻造像

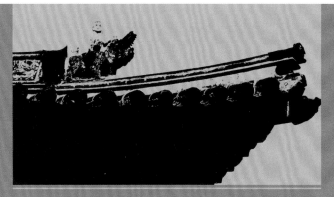

天津市
全国重点文物保护单位概览
An Overview of Major Historical and Cultural
Sites protected at the National Level in Tianjin

近现代
重要史迹及
代表性建筑

Modern Important Historic and Representative
Architecture

义和团吕祖堂坛口遗址

第二批全国重点文物保护单位

义和团吕祖堂坛口遗址位于红桥区芥园西道与怡华路交口处。遗址原为永丰屯李氏祠堂，明宣德八年（1433年）重新修葺改作"吕祖堂"。建筑为砖木结构，坐北朝南，整体布局为"T"形，依次分布前山门（左右耳室）、东西回廊、前殿、后殿、五仙堂、东配殿，占地面积1600平方米，建筑面积600平方米。前殿卷棚硬山顶，檐下悬"纯阳正炁"，后殿檐下悬"道观三乘"匾额。

1900年，义和团运动中乾字团首领曹福田率盐山、庆云、静海等地的千余名义和团民在吕祖堂设"总坛口"，并将拳场设在五仙堂。因吕祖堂靠近南运河，津西各县义和团来津时大多在此落脚，与义和团著名首领张德成、林黑儿、刘呈祥等经常在此聚义拜坛，共商对敌大计，在此决定了火烧紫竹林租界、攻打老龙头火车站和天津城保卫战的一些重大决策。

1962年，义和团吕祖堂坛口遗址由天津市人民委员会公布为天津市文物保护单位。1982年，由国务院公布为第二批全国重点文物保护单位。1985年2月，在义和团吕祖堂坛口遗址建立天津义和团纪念馆。

吕祖堂全景（航拍）→

吕祖堂俯瞰（航拍）→

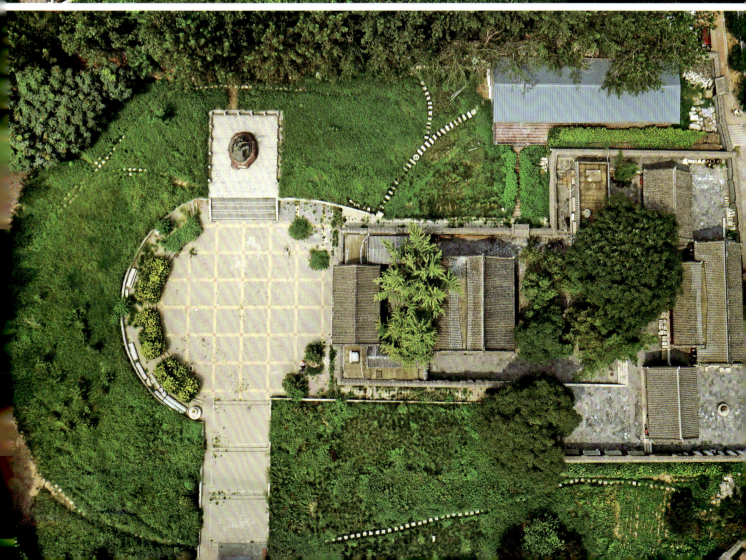

吕祖堂山门

后殿内曹福田铜像

后殿

前殿内景

五仙堂

五仙堂内景

大沽口炮台

第三批全国重点文物保护单位

　　大沽口炮台位于滨海新区塘沽东南海河入海口两岸。明朝中叶即在此构筑炮台，清嘉庆二十一年（1816年）始建炮台两座，分别位于海河口南北两岸，称"南炮台"和"北炮台"。道光二十一年（1841年），又于北岸增建炮台一座，南岸增建炮台两座。咸丰八年（1858年）僧格林沁全面整修大沽口炮台，并以"威"、"镇"、"海"、"门"、"高"五字命名，寓意炮台威风凛凛地镇守在大海门户的高处。在北岸另建石头缝炮台一座，此外还建小炮台25座。

　　大沽口炮台均为砖木结构，有方、圆两种，外用三合土夯实包裹，一般高10～17米，周围建堤墙，于海口两侧构成一个庞大而完备的防御体系。1901年，庚子事变后，根据《辛丑条约》规定，炮台被迫拆除。现仅存"威"、"镇"、"海"、"石头缝"四处炮台遗址。

　　大沽口炮台作为中国近代史上重要的海防屏障，是第二次鸦片战争及八国联军入侵中国的主要战场，在中国近代战争史上占有举足轻重的地位，它既是清朝北方海防设施的代表性遗存，更是中华民族抗击侵略、不畏强暴的历史见证。

　　1988年，大沽口炮台由国务院公布为第三批全国重点文物保护单位。

大沽口"威"字炮台遗址

"威"字炮台全景

"威"字炮台

博物馆外景

博物馆内景

博物馆内景

遗址出土铁炮

望海楼教堂

第三批全国重点文物保护单位

　　望海楼教堂位于原海河干流起点、北运河和南运河交汇的三岔河口、今河北区狮子林大街292号海河北岸狮子林桥旁。教堂始建于清同治八年（1869年），法国天主教会修建，初名圣母得胜堂。教堂坐北朝南，占地面积877平方米，建筑面积879.73平方米。正立面砖筑平顶塔楼三座，呈"山"字形，正中塔楼高大，檐头上立十字架。墙体外砌壁柱，门窗皆作二联尖拱式，东西房檐排水天沟各镶有8个石雕兽头，头颈展露于外，逢雨射流，宛如喷泉。堂内平面呈长方形，纵向两排柱子，形成三廊广厅，中厅较宽，两边侧廊稍窄。厅北正中为圣母玛利亚主祭台，对面为唱经楼，地面铺有黑白相间的方瓷砖，顶壁皆有彩绘，整体具有欧洲哥特式建筑风格。

　　望海楼教堂是天主教传入天津后建造的第一座教堂，曾在1870年反洋教斗争和1900年义和团运动中两次被焚毁，是中国近代史上著名的"天津教案"发生地，也是海河"裁弯取直"后的地标性建筑。光绪三十年（1904年）重建。1976年地震受损，1983年修复。

　　1988年，望海楼教堂由国务院公布为第三批全国重点文物保护单位。

望海楼教堂正面

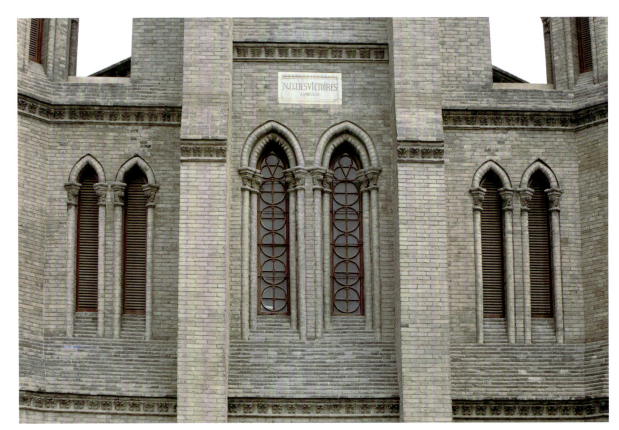

正面局部

正中塔楼檐头立十字架

西侧塔楼→

楼东侧房檐排水天沟镶石雕兽头

东侧尖顶券窗

内厅

S.MARIAMATERDEI

天地母后

主祭台

天津利顺德饭店旧址

第四批全国重点文物保护单位

天津利顺德饭店旧址位于原天津英租界的主干道维多利亚道和维多利亚花园的东侧，今和平区解放北路199号和台儿庄路33号。清同治二年（1863年）由英国圣道堂牧师约翰·殷森德创建，始建时为砖木结构瓦楞铁顶英式平房，光绪二十一年（1895年）改建为三层、转角塔为五层的楼房，整体建筑具有英国古典风格。1924年在老楼北侧又增建欧洲风格钢混结构的四层楼房。许多名人，如孙中山、黄兴、宋教仁、溥仪、袁世凯、段祺瑞、蔡锷、梁启超、张学良、班禅额尔德尼·确吉坚赞、梅兰芳等都曾在此下榻。美国前总统胡佛（Herbert Cark Hoover）亦曾长期住在这里。该饭店至今保存有孙中山用过的银质烟碟、溥仪用过的餐具、张学良听过的留声机。

利顺德饭店（ASTOR HOTEL）总建筑面积12610平方米，保存有文艺复兴时期的雕花古典沙发、"奥迪斯"早期电梯等文物，它不仅是英租界现存早期建筑之一，也是中国近代首家外商开办的大饭店。《中国丹麦条约》、《中国荷兰条约》曾先后在此签署，是见证天津近代政治、经济以及对外交流不断发展的重要史迹。

1996年，天津利顺德饭店旧址由国务院公布为第四批全国重点文物保护单位。

利顺德饭店外景

利顺德饭店正面入口

饭店内景

一楼走廊

奥迪斯电梯

南开学校旧址

第四批全国重点文物保护单位

天津市全国重点文物保护单位概览

134

南开学校旧址位于南开区南开四马路20号、22号。学校始建于清光绪三十年（1904年）。创办人为著名教育家严修（严范孙）、张伯苓，初名"私立中学堂"，继改名为"敬业中学堂"。光绪三十一年（1905年），学校改名"私立第一中学堂"。后因学生日众，校舍难容，邑绅郑菊如捐赠南开田地10亩，严修、王益逊、徐菊人（世昌）、卢木斋、严子均诸人捐银两万六千两。光绪三十三年（1907年），新校舍建成，因地处南开，后更名为私立南开中学堂。

南开学校旧址现存东楼（伯苓楼）、北楼、范孙楼、瑞廷礼堂四幢文物建筑。伯苓楼建于1906年，为当时南开学校的中心建筑，1976年震损，1977年依原貌复建。北楼建于1913年，两楼均为砖木结构二层楼房。范孙楼始建于1929年，由阎子亨设计，是为纪念严修先生，在张伯苓的倡议下，由海内外校友捐建的。瑞廷礼堂建于1934年，由天津实业家章瑞庭捐建，故名瑞廷礼堂，该建筑为砖木结构，体量厚重敦实，造型庄重雄伟，建筑手法具有中西合璧的特色。

南开学校是天津最早的私立中学，历史悠久，学风优良，1913~1917年周恩来曾就读于此。

1996年，南开学校旧址由国务院公布为第四批全国重点文物保护单位。

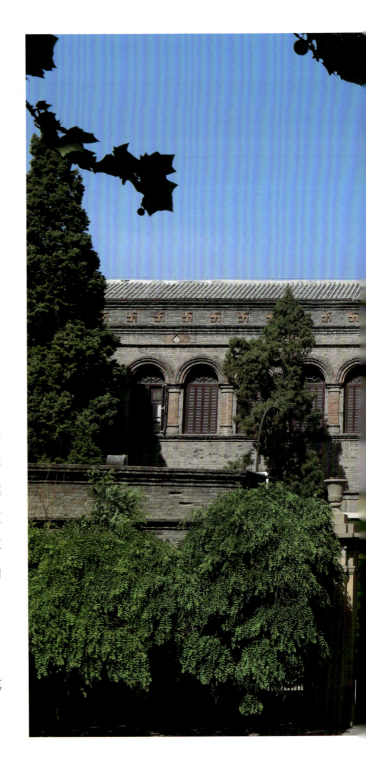

南开学校东楼

东楼入口

东楼内部走廊

东四教室

北楼

范孙楼正面

瑞廷礼堂正面

西斋宿舍

周恩来宿舍

天津劝业场大楼

第五批全国重点文物保护单位

　　天津劝业场大楼位于原天津法租界杜总领事路和福煦将军路交叉的十字路口，今和平区和平路280～290号、滨江道152～166号。大楼由井陉煤矿买办高星桥集股资，法籍工程师慕乐（Muller）设计，法商永和营造公司建造，1928年12月落成。匾额由津门著名书法家华世奎书写。该建筑为钢混框架结构，建筑面积21000平方米。大楼主体五层，转角部分八层，由五层起三段逐节收分，顶端设旗杆式避雷穹隆塔顶。临街首层上部出钢混大挑檐，以方柱支撑，构成风雨走廊。入口作大拱连檐贯通，立面阳台凹凸相间，护栏式层顶花园，辟"天外天"游乐场。楼内营业大厅为中空回廊式，两端设双向楼梯，以过桥连接。整体建筑石材饰面，窗户形式多样，建筑形式带有折中主义色彩。

　　天津劝业场是当时华北地区规模最大的百货商场，场内设有天华景戏院、天宫影院、天乐评戏院等8个娱乐场所，合称"八大天"。集购物、娱乐、休闲于一体，是中华著名商业老字号，并一度成为天津的象征。

　　2001年，天津劝业场大楼由国务院公布为第五批全国重点文物保护单位。

劝业场匾额

劝业场大楼

法国公议局旧址

第六批全国重点文物保护单位

法国公议局旧址位于和平区承德道12号，建成于1931年，原为法租界董事会公议局办公楼，后为法租界议政厅，是法国在天津租界内的最高统治管理机构所在地。法国公议局也是原天津法租界内负责行政事务的综合管理机构，直接受法租界董事会领导。局内下设工程处、捐务处、会计处等部门。日本侵华时期，该建筑曾为伪"天津特别市政府"所在地，抗战胜利后曾为美第三军团司令部。1945年10月6日上午9时，驻津日军司令官内田银之助向美国海军陆战队第三军团司令骆基中将投降，受降仪式在大楼门前的克雷孟梭广场举行。国民党第十战区受降代表施奎龄，天津市市长张廷谔、副市长杜建时参加了受降仪式。

此楼由比商仪品公司工程师门德尔森设计，是一座古典复兴式、三层混合结构的建筑。立面设计采用古典三段式，中央主体突出，左右两翼相对称，基座以花岗岩砌筑。主门为五个连续的半圆，方钢花格透孔铁门，周边镶以金属花饰。外墙面均采用仿花岗石，高基座采用花岗石镶面，使整个建筑稳重壮观。门前悬挂六盏铸铁花纹吊灯。正门大厅内，黑白相间的大理石台阶和汉白玉扶手既华丽又明快。二层中央采用6根爱奥尼克柱式空廊，柱面下部用宝瓶式栏杆连接。整个建筑内外协调，雄伟壮观，富丽堂皇，具有典型西洋古典主义建筑风格。1991年被评为近代优秀建筑。

2006年，法国公议局旧址由国务院公布为第六批全国重点文物保护单位。

法国公议局旧址主楼

法国公议局旧址侧视

法国公议局旧址门厅

法国公议局旧址楼梯

法国公议局旧址内景→

盐业银行旧址

第六批全国重点文物保护单位

盐业银行旧址位于原天津法租界的水师营路，今和平区赤峰道12号。盐业银行由长芦盐务使、河南都督项城人张镇芳创办，1915年开业，总行设于北京，同年天津分行开业。分行由张松泉和王志卿主持，活动中心在天津，其宗旨拟办一个官商合股银行，曾得到袁世凯的赞许，投资者多为官僚。盐业银行是中国著名的商业银行，与金城、大陆、中南三家银行并称为"北四行"，是中国华资银行的翘楚。

该大楼1915年由华信工程公司沈理源设计，整体建筑平面为近似矩形，入口两侧采用爱奥尼克式巨柱支撑的空廊，檐部阁楼使用方柱，上下呼应，为罗马古典复兴的建筑风格。建筑入口门廊采用希腊山门手法，由山花、倚柱、台基等装饰物组成。内廊柱为罗马科林斯柱式。一层为科林斯柱廊的八角形大营业厅。窗户上的彩绘刻画的是由比利时彩色玻璃拼成的"盐滩晒盐"画面，图案精美并呼应了盐业主题，生动呈现出一派盐场繁忙景象。大厅内部的地面、廊柱、营业台都由大理石砌成，富贵典雅。整个建筑采用三段式构图，具有典型古典主义特征，气势宏伟，装饰丰富，富丽堂皇。

2006年，盐业银行旧址由国务院公布为第六批全国重点文物保护单位。

盐业银行旧址正面

盐业银行内景

盐业银行内景

盐业银行内景

内厅天花彩绘

盐坨图案的彩色玻璃窗

梁启超旧居

第六批全国重点文物保护单位

梁启超旧居位于原天津意租界的马·可波罗路，今河北区民族路44号、46号，建于1914年。其中，民族路44号为梁启超故居楼，46号为其书斋"饮冰室"。

梁启超（1873～1929）字卓如、任甫，号任公，别号饮冰室主人，广东新会人，是中国近代学者、政治家。梁启超1890年入京会试，与其师康有为一起，致力于维新运动。1898年"戊戌变法"失败，梁启超逃亡海外，辛亥革命后归国，1912年在津创办《庸言报》。1915年定居天津，梁启超反对袁世凯称帝，在此写下著名讨袁檄文——《异哉所谓国体问题者》，并与云南督军蔡锷在饮冰室共同策划反袁武装起义。

梁启超旧居是一幢意大利式砖木结构二层楼房，带地下室，占地面积1200平方米，建筑面积1019.8平方米，共有50间房，设有开敞柱廊，东侧转角处的八角形角楼成为最主要的竖向构图。旧居现为梁启超纪念馆，逐步成为人们了解、研究梁启超及近代中国历史的重要场所。

2006年，梁启超旧居由国务院公布为第六批全国重点文物保护单位。

梁启超旧居所在街区（航拍）

旧居全景

旧居东侧楼全景

东侧楼旧居二楼内景（梁启超与蔡锷蜡像）

"饮冰室"书房

"饮冰室"外景及梁启超铜像

北洋水师大沽船坞遗址

第七批全国重点文物保护单位

北洋水师大沽船坞遗址位于滨海新区塘沽大沽船坞路27号，现为天津市船厂所在地，与大沽口炮台相距仅1.5公里。1880年由清朝直隶总督兼北洋大臣李鸿章根据北洋水师修理舰船的需要而建，共有甲、乙、丙、丁、戊、己六坞，最大的可容2000吨船只进坞修理。1890年后，除修、造舰船外，开始生产军火。在震惊中外的甲午海战期间，它在承修损坏的部分船舰的同时，继续赶制军火，为抗击外来侵略、捍卫民族尊严作出了不可磨灭的贡献。1913年，船坞更名"海军部大沽造船所"。1954年8月，为适应国民经济和水运事业的发展，便于集中生产指

大沽船坞轮机厂房遗址

挥，遗址划归新河船厂，取消大沽船坞的建制。

遗址沿海河呈"一"字形分布排列，现存甲坞、轮机厂房各一处，占地面积46000平方米。乙、丙、丁、戊、己五个船坞现已淤塞被填埋。北洋水师大沽船坞是继福建马尾船政、上海江南船坞后中国近代第三所造船厂，是北方最早的船舶修造厂和重要的军火生产基地，也是北方近代工业文明的发祥地。它是中华民族抗击外侮、保家卫国的历史见证。

2013年，北洋水师大沽船坞遗址由国务院公布为第七批全国重点文物保护单位。

大沽海神庙旧址考古发掘现场　　　　　　　　北洋水师大沽船坞及轮机车间遗址

北洋水师大沽船坞遗址"甲"字船坞

大沽船坞老码头遗址

船坞内景

塘沽火车站旧址

第七批全国重点文物保护单位

　　塘沽火车站旧址位于滨海新区塘沽新华路128号、新华路立交桥东南夹角处。清光绪十四年（1888年），英国人金达主持铺设完成塘沽火车站，原称"塘沽站"，是开平煤炭和北洋海防线军队、军火调运的重要站点。其后成为中外航商和日本侵华的物资转运枢纽。1958年根据运输生产和行政管理方面的需要，塘沽站与新河站合并，塘沽站改称"塘沽南站"，新河站改称"塘沽站"。改名后塘沽南站划归塘沽站领导，现用于货运。旧址占地面积25930平方米，现存主体建筑为砖木结构欧式单层建筑群，坐东朝西，与铁轨平行。除双坡铁楞瓦顶改为灰瓦外，木质门窗等其他构件依旧，其

中一房间内保持原装饰风格。建筑群南侧有一砖混结构的小二楼，东侧水泥圈梁刻有"TANG KU"（塘沽）站名标志。该楼原为青砖墙、水泥顶平房，后经改造加层成今貌。塘沽火车站是中国最早自主修建的标准轨距铁路——塘津铁路上的一座车站，不但见证了中国铁路事业的发展历史，也见证了近代中国发生的一系列重大历史事件，是洋务运动留在塘沽的印记。

2013年，塘沽火车站旧址由国务院公布为第七批全国重点文物保护单位。

站房全景

站房入口

站房局部

站内史迹

车站内路轨

^清北洋大学堂旧址
第七批全国重点文物保护单位

　　北洋大学堂旧址位于红桥区光荣道2号。北洋大学创建于清光绪二十一年（1895年），是中国第一所现代大学，初名"天津北洋西学堂"，后改名"北洋大学校"、"国立北洋大学"。庚子之役后，北洋大学于1902年迁至西沽武库新校址，改名为"北洋大学堂"。校园在新中国成立后曾被天津工业学校（中专）占用。1952年，该校址调整为河北工学院，1995年改为河北工业大学。

　　旧址现存有南楼、北楼、团城三座建筑。南楼、北楼分别建于1933年和1937年，南楼占地面积为2336平方米，北楼占地面积为2315平方米，均为砖混结构三层楼房，建筑布局对称，体形简洁大方，红砖墙面。团城建于1930年左右，占地面积939.42平方米，为砖木结构平房，青瓦坡顶，青砖墙面，外墙上装饰有雉堞，房间内设有壁炉，曾为北洋大学办公地。著名桥梁专家茅以升曾于1945年8月任北洋大学校长时在此居住、办公。南楼现为河北工业大学校史馆，门上悬挂"北洋工学院"牌匾。北楼现为河北工业大学第五教学楼，门上牌匾"北大楼"残破，字迹剥落。

　　北洋大学堂是中国最早培养工程技术人才的专业大学，历史悠久，名闻中外，中国经济学家马寅初、革命活动家张太雷等均毕业于此校。它是我国近代大学历史的开端，其办学章程、学科设置、教学内容和思想等都"为继起者规式"，是中国近代高等教育的起点，对中国近代社会具有一定影响。

　　2013年，北洋大学堂旧址由国务院公布为第七批全国重点文物保护单位。

北洋大学堂旧址全景

北洋大学堂团城旧址

北洋大学堂南楼旧址

马可·波罗广场建筑群

第七批全国重点文物保护单位

　　马可·波罗广场建筑群位于河北区民族路和自由道交会处，为原意租界中心建筑。1902年6月，意大利公使与天津海关道正式签订《天津意国租界章程合同》，至此意大利在海外设立了唯一的租界。意租界是九国租界中面积较小的一块，它南临海河，东接俄租界，北沿铁路，西与奥租界接壤，占地面积771亩。1908～1916年在意租界的中心地带，逐渐建成马可·波罗广场建筑群。马可·波罗广场建筑群占地面积2200平方米。位于广场中心的和平女神雕塑，始建于1923年，是为纪念第一次世界大战胜利而建，由意大利著名雕塑家朱塞佩·博尼设计，建成后由意大利途经上海运至天津。雕塑包括喷泉水池、基座、科林斯式罗马柱、和平女神像，高13.6米，全部采用花岗岩石材，其中基座上部装饰了4个人物雕像，下设有喷水口，可向四面喷水。柱基外圈是一个直径10米的喷水池，设有3组不同高度的喷泉，交叉的水花形成独特的景观。柱顶为展翅飞翔的和平女神铜像，手拿一橄榄枝，象征着"友谊和平"这一永恒的主题。西南面分别是民族路46号楼、自由道25号楼，建于1908～1916年。两楼形制相似，均为砖木结构二层带地下室，局部三层。平顶出檐，上筑瓶式围栏，设正门和侧门。二层有露天阳台，上筑方形平顶塔楼，瓶式围栏，爱奥尼克柱支撑。窗口上部与檐下以浮雕花饰点缀。楼前有草坪、假山和花坊等。西北面位于民族路40号、42号、自由道40号，建于1908～1916年，两楼造型基本相同，均属意大利风格的砖木结构二层楼，带半地下室。平面为方形，平顶出檐，上筑瓶式围栏。设正门和侧门，扇形门厅，爱奥尼克柱支撑。楼顶筑尖拱券式凉亭。

马可·波罗广场全貌

广场中心的和平女神雕像、科林斯石柱及其基座和喷水池

科林斯石柱柱头及女神雕像

马可·波罗广场东北面楼

周边建筑

周边建筑

建筑窗楣

周边建筑细部

周边建筑细部

天津西站主楼

第七批全国重点文物保护单位

174

天津西站主楼位于红桥区西站前街1号。主楼始建于清光绪二十八年（1902年），清政府向德国借款修建。宣统二年（1910年）12月14日，西站落成启用。主楼为砖混结构二层楼房，带地下室。建筑面积1900平方米。大楼坐北朝南，正立面中部前突，呈"凸"字形。正门立面间置四根圆形立柱，两侧阶梯走道，瓶式护栏，均由青石构筑。楼内门厅与圆形候车大厅相连。墙体以红砖砌筑，长方形窗，上边有"人"字形或连弧线脚花饰。大坡顶，舌形瓦，房屋正中筑方形二层"塔楼"，设老虎窗，是一座具有典型折中主义风格的德式新古典主义建筑。

2010年，天津西站主楼因车站的改扩建工程而整体平移至现址，成为西站城市副中心的主要标志之一。天津西站是津浦铁路上的重要枢纽，它的设立折射出地区经济生活的发达与繁荣，同时它也是中国铁路枢纽站中保存完整、独具特色的德式建筑，是中国铁路发展史的见证。

2013年，天津西站主楼由国务院公布为第七批全国重点文物保护单位。

天津西站主楼全景

楼北面

天津西站主楼南面

站房平移施工

门厅及候车大厅

阁楼内部

五大道近代建筑群

第七批全国重点文物保护单位

天津五大道位于天津市中心和平区，包括现成都道、重庆道、常德道、大理道、睦南道及马场道六条街道。1903年，该区域被划为天津英租界推广界后，结合海河疏浚工程填筑原有的沼泽洼地，至20世纪20年代陆续建造大片洋房，逐渐形成了军政要人、晚清遗老、中外实业家和知名人士会集的高级住宅区。

五大道现存20世纪二三十年代建成的不同国家建筑风格的花园式房屋2000多所，占地面积60多万平方米，建筑面积100多万平方米。它展现了来源于英、法、意、德、西班牙等国家的古典欧式、传统欧式、欧式田园、新古典主义、巴洛克、现代主义等建筑风格，也融入了中国传统建筑语汇，生动地反映了20世纪初多元文化在此的交融。整个功能完善的居住区见证了西方的现代生活方式、建筑与规划理念等在中国的传播。同时，与这些旧居相关的众多历史名人和事件，也使天津五大道近代建筑群成为中国近现代社会文化剧烈变革的历史见证，被公认为天津市独具特色的万国建筑博览会，在国内外有相当影响。"五大道近代建筑群"强调居住环境舒适，整体规划布局合理，路网布置和道路尺度、配套设施（如医院、学校、教堂、花园、体育场等）体现了先进的设计理念。

五大道现存具有代表性的建筑39处，其中包括和平区睦南道79号、大理道3号、睦南道141号、河北路267号、长沙路97号、睦南道28号、睦南道20号、成都道14号、马场道42号、马场道44号、46号、睦南道11号、大理道37号、马场道60号、62号、常德道1号、重庆道114号，睦南道126号、河北路334号、大理道48号、重庆道55号、重庆道64号、湖北路59号、南海路2号、睦南道70号、马场道2号、睦南道50号、大理道66号、马场道98号~110号（双号）、河北路277号、重庆道4号、昆明路117号、常德道2号、成都道60号、河北路239号、睦南道74号、河北路279号~293号（单号）、云南路57号、睦南道129号、郑州道20号、睦南道26号。

天津五大道近代建筑群包括西洋古典传统、中世纪传统、巴洛克折中主义、各种新型装饰风格、现代建筑等多种建筑风格，风格纷呈，建筑艺术多样。堪称20世纪初期欧洲建筑艺术的博物馆，它也是中国近现代社会文化剧烈变革的历史见证。

2013年，五大道近代建筑群由国务院公布为第七批全国重点文物保护单位。

五大道近代建筑群文物保护单位名录

序号	名 称	地 址
	天津五大道近代建筑群	天津市和平区
1	卞氏旧居	天津市和平区睦南道79号
2	蔡成勋旧居	天津市和平区大理道3号
3	高树勋旧居	天津市和平区睦南道141号
4	顾维钧旧居	天津市和平区河北路267号
5	关麟征旧居	天津市和平区长沙路97号
6	李叔福旧居	天津市和平区睦南道28号
7	孙殿英旧居	天津市和平区睦南道20号
8	陶氏旧居	天津市和平区成都道14号
9	北洋总统徐世昌旧居	天津市和平区马场道42号
10	北洋总统徐世昌之女旧居	天津市和平区马场道44号、46号
11	许氏旧居	天津市和平区睦南道11号
12	訾玉甫旧居	天津市和平区大理道37号
13	雍剑秋旧居	天津市和平区马场道60号、62号
14	曾延毅旧居	天津市和平区常德道1号
15	金邦平旧居	天津市和平区重庆道114号
16	徐世章旧居	天津市和平区睦南道126号
17	张绍曾旧居	天津市和平区河北路334号
18	陈光远旧居	天津市和平区大理道48号
19	庆王府旧址	天津市和平区重庆道55号
20	龚心湛旧居	天津市和平区重庆道64号
21	英国文法学校旧址	天津市和平区湖北路59号
22	曹锟旧居	天津市和平区南海路2号
23	纳森旧居	天津市和平区睦南道70号
24	潘复旧居	天津市和平区马场道2号
25	张学铭旧居	天津市和平区睦南道50号
26	孙氏旧居	天津市和平区大理道66号
27	安乐邨公寓楼	天津市和平区马场道98~110号（双号）
28	周志辅旧居	天津市和平区河北路277号
29	张作相旧居	天津市和平区重庆道4号
30	吴颂平旧居	天津市和平区昆明路117号
31	林鸿赉旧居	天津市和平区常德道2号
32	张自忠旧居	天津市和平区成都道60号
33	李氏旧居	天津市和平区河北路239号
34	李勉之旧居	天津市和平区睦南道74号
35	疙瘩楼	天津市和平区河北路279~293号（单号）
36	卞万年旧居	天津市和平区云南路57号
37	周叔弢旧居	天津市和平区睦南道129号
38	孙季鲁旧居	天津市和平区郑州道20号
39	伪满洲国领事馆旧址	天津市和平区睦南道26号

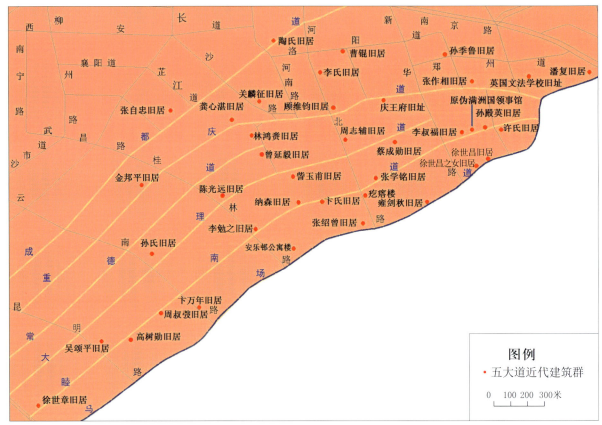

天津五大道近代建筑群所处名人旧居分布示意图

1. 卞氏旧居

和平区睦南道79号为卞氏旧居。卞家为津门"八大家"之一。旧居为砖木结构,四层楼房,建筑面积3600平方米。缸砖清水墙,坡瓦顶。外檐为锁头式,立面两侧前凸,上为方形阳台。二层中部筑有一个半圆形曲线阳台,阳台正门两侧有绞绳式立柱装饰。建筑色调朴素、庄重。

卞氏旧居侧面

2. 蔡成勋旧居

　　和平区大理道3号为蔡成勋旧居。蔡成勋(1871～1946年)，天津人，1920年任陆军总长，1922年任江西督军。1924年底直系失败后下台，寓居天津。旧居为砖混结构，三层西式公馆，建筑面积2100平方米。首层中部为外凸封闭门厅及阳台。顶层中部作平顶，两侧为坡顶。楼内为大开间，施以中式硬木透雕落地隔扇，做工精美，保存完好。

蔡成勋旧居

蔡成勋旧居入口

3. 高树勋旧居

和平区睦南道141号为高树勋旧居。高树勋(1898～1972年)，字建侯，河北盐山人，著名爱国将领，在国民党对共产党的"围剿"中毅然脱离国民党军队，到天津寓居。抗战胜利后任新八军军长、第11战区副司令长官，1945年率部在邯郸前线起义。

旧居为砖混结构，主体三层带地下室，占地面积1275平方米，红瓦坡顶，琉缸砖饰面。正立面设有凸出的半圆形玻璃窗，左侧突出一伞状塔楼。山墙上部的高耸尖顶别具特色。

高树勋旧居院落

高树勋旧居侧面

4. 顾维钧旧居

　　和平区河北路267号为顾维钧旧居。顾维钧（1888~1985年），著名外交家。经唐绍仪推荐，顾氏曾任袁世凯秘书，自1912年起，历任北洋政府和国民党政府外交总长、内阁总理、外交部部长、大使和重要国际会议代表，曾出席巴黎和会。1956年任海牙国际法院法官，直至退休。二战后参与筹建联合国的工作。

　　旧居为砖木结构的三层英式住宅，建筑面积1573平方米。入口作券式洞门，两侧有绳纹立柱，门楣有浮雕装饰，上筑"人"字形雨厦，坡顶错落。

顾维钧旧居侧面

顾维钧旧居正面

5. 关麟征旧居

和平区长沙路97号为关麟征旧居。关麟征（1905～1980年），陕西户县人。1924年入黄埔军校第一期。1933年率部参加长城抗战，大捷后写下了"半壁河山狼烟中，烽火照红北地冰。长城之外牧寇马，铁蹄咫尺危古城。大厦将倾于汤火，神州存亡瞬息中。岂肯折膝求苟安，站直抛颅笑颜生。炎黄子孙多傲骨，我今抗日三请缨"。1937年任军长，参加台儿庄会战，升任第三十二军军团长。1939年任第十五集团军总司令。1949年任陆军总司令。

旧居砖木结构，有主楼、附楼各一幢，建筑面积390平方米。主楼为三层，外面作缸砖清水墙，局部作抹灰饰面，三层外檐疙瘩砖饰面。长方形主入口上筑雨厦。入口左部为半圆形塔楼，造型别具一格。附楼为红砖清水墙。主楼和后楼之间有平台相连接。院内有草坪、花坛和鱼池，是一座具有英国风格的庭院式住宅。

关麟征旧居内景

关麟征旧居

6. 李叔福旧居

　　和平区睦南道28号为李叔福旧居，实际为李叔福之父李赞臣的住所。李赞臣（1882～1955年），天津人，"天津八大家"之一"李善人"家后代。20世纪20年代曾任长芦纲总、天津殖业银行经理。

　　旧居为混合结构，三层西式楼房带地下室，建筑面积1427平方米。中间突出，两翼对称，平屋顶，四周出檐，正面主入口处为三联拱券式洞门并刻有雕花，上部二、三楼之间立四根高大花饰圆柱支撑挑檐，构成大型柱廊。楼房整体匀称，风格古朴庄重。

李叔福旧宅

李叔福旧宅内景

李叔福旧宅内景

7. 孙殿英旧居

和平区睦南道20号为孙殿英旧居。孙殿英（1989～1947年），河南永城人，早年寄身绿林，1922年投靠豫西镇守使丁香玲。1925年后先后投靠张宗昌、蒋介石、阎锡山、冯玉祥、张学良，历任师长、军长、安徽省主席。1928年以军事演习为名盗掘清东陵。1943年率部投降日军。1947年在汤阴被中国人民解放军俘获。

旧居建于1930年，为三层带半地下室的砖混结构楼房。前立面中央外凸，砌筑条状平台。主楼两侧分设二段式楼梯。入口设于高基上，其两侧置洛漠塞绳纹立柱，呈半开放式外廊。二层中部与首层对应，作金属护栏阳台。三层退线，顶部出檐。外檐窗为券窗、方窗两种。建筑高大舒展、错落有致，诸多立面装饰均有体现，带有折中主义建筑特征。

另有资料表明，此楼曾由美籍露德堂作乐仁医院使用，亦曾短期作天津工商学院使用。

孙殿英旧居正面

孙殿英旧居内景

孙殿英旧居内景

8. 陶氏旧居

和平区成都道14号为陶氏旧居。陶氏旧居主人为陶湘及其子陶祖椿。陶湘（1870～1940年），字兰泉，号涉园，江苏武进人，中国近代著名藏书家和版本目录学家，是民国以来以一己之力校勘出版古籍最多的藏书家之一。他曾应朱启钤之邀，校勘《营造法式》，于1925年刊行，被称为"陶本"，引起国内外建筑家及汉学家的极大重视。1929年，陶湘与朱启钤等人发起成立中国营造学社。

陶祖椿（1895年~1962年），字祝年，近代外交家、实业家。他于上海圣约翰书院毕业后到哈尔滨戊通开发公司任船厂厂长，后至天津，1936年前在天津的河北省政府任外交官（历王树常、于学忠、商震三届省主席，兼河北省交涉公署、津海关监督公署等外事职务，最多时本兼各职达11项。1931年九一八事变后，陶祖椿曾接待国际联盟的李敦调查团。

陶氏旧居建成于1933年，是由荷兰籍建筑师乐伦森设计。建筑总平面依据用地范围和功能需要划分为三个院落，即一个主院落和两个服务院落。起居室、客厅为跃层式，高两层，在二层部分有一内部挑出的平台可俯视整个客厅，并与其后面的餐厅空间贯通。起居室南向为高落地窗，光线可直透二层的餐厅。东为横向长窗，可浏览室外的草坪。南门窗外有一平台，是客厅的延续，平台上可以跳舞、休闲。二层书房为转角窗。三、四层为卧室。三层主卧室亦为转角窗，窗外有一个大阳台，四层也有一个大平台。半圆形楼梯间顶部突出于三层以上。底层车库与住宅后入口之间有雨廊，可不经过露天进入住宅。主院落和服务院落分隔为通透的两部分。后面的服务楼梯与二层的厨房、备餐间相连通，功能分布路线明确。内部楼梯栏杆和餐厅栏杆、起居室挑台的栏杆以及大门的装饰铁件等，类似当时欧洲流行的新艺术运动的母题，墙面油漆则是现代主义风格。客厅和主卧室的反射照明在当时也是最新的，餐厅等处的灯具是"装饰艺术"风格。该建筑保留和记录了当时欧洲现代主义艺术的许多特征。清华大学建筑学院汪坦教授研究认为，经全国普查，陶氏旧宅是迄今为止国

陶氏旧居

内仅此一例的真正的"立体主义"建筑。在欧洲立体主义初兴时，天津就几乎同时出现了很典型的一例。其设计时间仅晚于现代建筑大师勒科尔比西耶设计的位于巴黎郊区的萨伏依别墅一年，堪称弥足珍贵。陶氏旧宅平面、外形和构造高度统一，室内空间通透且变化丰富。其设计标准、质量、艺术、工艺很高，是一个可供现代主义建筑研究的典型标本。

9. 北洋总统徐世昌旧居

　　和平区马场道42号为北洋总统徐世昌旧居。旧居为砖木结构，主体二层，建筑面积408平方米，是一座西欧乡村别墅式建筑。白色水泥墙体，棕色门窗，"人"字形红瓦坡屋顶，上开老虎窗及三角顶天窗。入口为小石台阶，方门厅。建筑造型小巧别致，风格鲜明，保存良好。

徐世昌旧居

10. 北洋总统徐世昌之女旧居

　　和平区马场道44号、46号为北洋总统徐世昌之女旧居。旧居为二层砖木结构，建筑面积816平方米。建筑立面为白色水泥墙体，四周有方格图案装饰，大坡度瓦顶，带挑檐，两边对称各开一圆形老虎窗及"人"字形天窗，两侧方窗均以水泥饰边。入口为小石阶，弧形方门窗，带小过厅。二楼腰部横跨一条形阳台。层次分明，保存尚好。

徐世昌之女旧居正面

徐世昌之女旧居西侧

11. 许氏旧居

和平区睦南道11号为许氏旧居。该旧居为庆羯堂许氏（张作霖三姨太许夫人）寓所。旧居建于20世纪30年代。建筑面积1330平方米。为砖木结构，三层楼房，红砖清水墙，高耸错落式多坡瓦顶。首层拱券式入口，上筑大型晒台。楼内装修精致，设有客厅、舞厅、餐厅、书房、居室及附属房间。该建筑有19世纪英国浪漫主义建筑的特点。

许氏旧居

12. 訾玉甫旧居

和平区大理道37号为訾玉甫旧居。訾玉甫为永发顺木器行经理。旧居为砖混结构，主体二层，总建筑面积1140平方米。建筑呈"L"形布局，多坡红瓦顶，出檐，上置有曲线优美的阁楼和天窗。红砖清水墙面，白色线脚。楼前后高台阶入口处，分别以圆形和方形立柱各撑一条状和弧形阳台，形成敞开式门厅前廊。整栋建筑逐层收分，错落有致。

訾玉甫旧居

13. 雍剑秋旧居

　　和平区马场道60号、62号为雍剑秋旧居。雍剑秋（1875～1948年），江苏高邮人。留学回国后于1911年任天津造币总厂副厂长，后任德商礼和及捷成洋行军火买办。1918年移居天津，先后任江苏会馆、广仁堂、天津基督教青年会、汇文中学董事长和南开中学董事。

　　旧居为砖木结构，三层楼房，是折中主义风格建筑。建筑面积1728平方米。外檐通体水泥饰面，筒瓦坡顶，挑檐。首层入口为长方形洞门，二层腰线两侧各有一阳台，水泥花饰护栏。侧山左右各突出一方形角楼，下开旁门。正立面引入西方古典建筑构图方式，构图严整对称，比例协调，线脚细腻，整体性强。三层中部内收，层次感强。

雍剑秋旧居全景

14. 曾延毅旧居

和平区常德道1号为曾延毅旧居。曾延毅，字仲宣，湖北黄冈人。保定军官学校毕业。1929年任天津特别市公安局局长，后任第三十五军副军长及山西隰州警备司令。

旧居建筑面积1344平方米。为三层砖木结构楼房，红砖清水外墙，方门窗，门厅由水泥柱支撑，上筑半圆形阳台，设金属护栏，门前为扇形石阶。立面中部外凸，顶层为红瓦坡顶，自成院落。

曾延毅旧居正面

曾延毅旧居全景

15. 金邦平旧居

和平区重庆道114号为金邦平旧居。金邦平（1881～1946年），安徽黟县人。早年赴日本早稻田大学学习，1912年任中国银行筹办处总办，后历任袁世凯文案、北洋督练处参议、资政院秘书长。1916年任农商部总长。1917年到津从事实业活动。

旧居建筑面积1134平方米，为砖木结构，主体二层，局部三层，带有阁楼，风格为法国孟莎式。建筑整体呈不对称构图，形体富于变化，色彩搭配协调。外立面清水砖墙与白色墙面，红瓦坡顶，上设天窗。主入口东侧局部外凸，上撑白色折线形阳台。

金邦平旧居南面

金邦平旧居全景

16. 徐世章旧居

　　和平区睦南道126号为徐世章旧居。徐世章
（1886～1954年），字瑞甫，天津人，徐世昌十
弟。早年毕业于北京同文馆，留学回国后在交通部
任职。1920年8月任交通部次长兼交通银行副总经
理。1921年任币制局总裁。1922年去职，寓居天
津，曾任耀华学校董事、工商学院董事长、东亚毛
织公司董事。拥有大宗房产，收购金石字画，为天
津知名人士。

　　旧居为三层砖木结构楼房，红瓦坡顶，二层设
有阳台。水泥砂浆抹灰墙面，窗间墙面有水平红砖
带点缀，墙面肌理别具特色。

徐世章旧居侧面

徐世章旧居

和平区河北路334号为张绍曾旧居。张绍曾（1880～1928年），直隶大城人。初入天津武备学堂，日本陆军士官学校炮兵科毕业。1911年任第二十镇统制，后任北洋政府陆军训练总监、陆军部总长。1923年任国务总理，后退居天津。

旧居为两层砖木结构，建筑风格为巴洛克式。建筑面积1463平方米。建筑外观规整华丽，线条流畅。楼门口朝东，首层入口台基两侧由两根贴墙的罗马柱支撑，水波纹花饰支撑，柱头装饰精美。有两块水泥板做的"人"字形出檐雨厦，外檐水泥饰面，窗楣部位有装饰，平顶。

张绍曾旧居

18. 陈光远旧居

　　和平区大理道48号为陈光远旧居。陈光远（1873～1934年），直隶武清人，民国初期的江西督军，为直系军阀冯国璋的嫡系。1922年卸职，1924年寓居天津。

　　旧居建筑面积930平方米，砖混结构，为局部三层别墅式楼房。外檐黄色琉璃缸砖墙面，入口上方作大跨度转角，下为门厅，上筑阳台，层次鲜明。主楼顶建八角凉亭，造型新颖美观。

陈光远旧居

19. 庆王府旧址

和平区重庆道55号为庆王府旧址。载振（1876～1947年），满族镶蓝旗人。清朝三世庆亲王奕劻长子，民国6年（1917年），获黎元洪颁令特准，承袭庆亲王衔，私谥曰"贞"。1924年寓居天津。

该建筑原为清末太监"小德张"住宅，建于1922年。载振于1925年购买后被称"庆王府"。砖木结构，三层中西合璧式公馆，建筑面积4325平方米。中央置扇形石阶，高台基。首层、二层均设有回廊，顶层增建供奉祖先的影堂。彩花磨石地面，鹤形图案天花板，硬木门窗，彩色图案玻璃。院内东侧置花园，建有假山、石洞、六角凉亭等。

庆王府侧面

入口和台阶

庆王府内景

彩色玻璃窗

木雕落地罩

木雕细部

20. 龚心湛旧居

　　和平区重庆道64号为龚心湛旧居。龚心湛（1871～1943年），安徽合肥人，清末监生，后入金陵同文馆。龚心湛是民国初期皖系政治人物，曾任代理国务总理。1926年，他退出政界来津经营实业，任大陆、中孚银行董事、耀华玻璃公司总董、开滦矿务局董事等职。

　　旧居建筑面积936平方米，砖木结构，西式三层楼房，带地下室，清水墙，中央为石阶，出梢门厅，上置护栏阳台。门窗作假壁柱，楣子有装饰，建筑庄重典雅。

龚心湛旧居

21. 英国文法学校旧址

　　和平区湖北路59号为英国文法学校旧址。英国文法学校初创于19世纪末，校址设于今马场道南安立甘教会内，又称"安立甘教会学校"。1927年建此新校舍，砖混结构，三层西式大楼，建筑面积3800平方米。主楼平面呈飞机造型。墙体水泥饰面，顶部作坡瓦顶。建筑风格既受西洋古典主义思潮影响，又有英国地方传统技法。

英国文法学校主楼

英国文法学校主楼东侧

22. 曹锟旧居

　　和平区南海路2号为曹锟旧居。曹锟（1862～1938年），天津人。早年投效袁世凯，升至副都统。袁称帝后，曹锟入川镇压护国军。1916年任直隶督军，1919年成为直系首领，1922年打败奉系，次年贿选任总统。1924年北京政变被软禁。1926年获释后寓居天津。

　　旧居为砖混结构、二层带地下室楼房，建筑面积1244平方米。正立面中部前凸，腰线上下均由立柱支撑，顶层四坡出檐，造型稳重而有气势。

曹锟旧居正面

23. 纳森旧居

　　和平区睦南道70号为纳森旧居。纳森曾任开滦矿务局英籍董事。旧居建于1928年，砖木结构，主体三层，两侧二层，建筑面积1433平方米。红砖清水墙，大筒瓦四坡顶，门窗上设有筒瓦雨厦，腰部带阳台。建筑整体造型不对称，坡顶造型错落有致，主入口处引导性极强的拱券柱廊成为整个立面的构图中心。室外有庭院式花园，种植松树、藤萝及各种名贵花卉树木，环境幽雅。

纳森旧居

　　和平区马场道2号为潘复旧居。潘复（1883～1936年），山东济宁人，清末举人，曾任山东实业局局长、全国水利局副总裁、运河疏浚局副总裁等职。1919年12月任财政次长。1927年任交通总长，6月任北平政府内阁总理兼交通总长。1928年奉系失败寓居天津，投资边业银行、德兴公司，把持长芦盐销售。

　　旧居为混合结构，二层（局部三层），建筑面积3780平方米。外檐中部台基外凸，由六根立柱支顶弧形水泥平台，下为敞开式门厅，右侧作半圆形二层平顶塔楼，是一座环境幽雅的欧式花园别墅。

潘复旧居全景

25. 张学铭旧居

　　和平区睦南道50号为张学铭旧居。张学铭（1908～1983年），奉天（今辽宁）海城人，张学良二弟。1928年入日本步兵专门学校。1931年任天津市公安局局长，同年升任天津市市长兼公安局局长。1946年任东北保安长官司令部中将总参议。去职后长期居津。

　　旧居为砖木结构，是一幢庭院公馆式二层带地下室楼房。建筑面积1426平方米，多坡红瓦顶，缸砖清水墙。立面中央前凸，下为入口，门上筑阳台，侧门设半圆形玻璃雨厦。

张学铭旧居侧面

张学铭旧居正面

孙氏旧居庭院

26. 孙氏旧居

　　和平区大理道66号为孙氏旧居。孙震芳，字养儒，安徽寿州人，系清末民初寿州孙氏财团创业人孙多森之长子，曾任通德公司总经理。

　　旧居建于1931年，砖木结构，二层，局部三层，西洋别墅式住宅，建筑面积1899平方米。外檐水泥饰面，造型富于变化，人字构架，多坡瓦顶，自成院落。院墙入口处筑有过街门楼，院内建有游泳池、高尔夫球场、休息坪、藤萝架及美式花坪，栽植各种花草树木，环境幽雅，保存完好。

院墙

水井

庭院藤夢架

27·安乐邨公寓楼

和平区马场道98～110号（双号）为安乐邨公寓楼，原为英国教会首善堂所建。公寓楼共有3栋建筑，呈"品"字形布局。建筑为砖木结构四层西式公寓住宅楼，总建筑面积10525平方米。首层高台阶券洞门，上筑铁护栏阳台。二层为"一"字形连券门，局部为敞开式过廊。红砖墙、红瓦坡顶、周边出檐。里弄亦规划入建筑群内，构成封闭式小区。

安乐邨公寓楼外景

28. 周志辅旧居

和平区河北路277号为周志辅旧居。周志辅为中国近代实业家周学熙长子，曾任启新洋灰公司董事，后迁居美国。旧居由华信工程公司建筑师沈理源设计，砖混结构，三层庭院式住宅楼，局部二层，建筑面积1300平方米。正立面首层为三拱券前廊，二层作双柱三开间阳台，三层退线内收，顶部为出檐式小坡顶，保存尚好。

周志辅旧居

和平区重庆道4号为张作相旧居。张作相（1881～1949年），奉天（今辽宁）义县人，著名爱国民主人士，奉系重要成员。1919年任奉天警备司令、师长等职。1924年任军长。1929年任吉林省省长。九一八事变后，任华北第二集团军总司令兼第六军团总指挥，热河沦陷去职。1933年寓居天津。

旧居是一座二层砖木结构小楼，带地下室，建筑面积1370平方米。外檐为浅黄色水泥墙面，二层局部为清水墙，镶饰水泥雕花。红瓦圆筒屋顶，造型高低错落有致。建筑东侧楼梯带半圆形瓶式护栏，造型精美，具有西洋古典主义风格。

张作相旧居

30. 吴颂平旧居

和平区昆明路117号为吴颂平旧居。吴颂平，原籍安徽婺源，汇丰银行买办吴调卿之长子。曾任山西教育厅厅长。日本侵华期间与日特勾结，后任杜建时顾问。

旧居为吴自行设计，经奥地利工程师、国家建筑鉴定议员盖苓鉴定，1934年由泰兴厂营建。旧居为砖木结构二层楼房，平面呈"八"字形，外檐用缸砖砌筑，入口位于夹角，开拱券形洞门。左侧山面设条状阳台，右部末端筑方形平台，顶部为高举架陡坡顶。

吴颂平旧居全景

吴颂平旧居侧面

吴颂平旧居入口

31. 林鸿赉旧居

和平区常德道2号为林鸿赉旧居。林鸿赉，原天津中国银行副经理。据林鸿赉之子林放所述，该楼原为张福运私宅，1947年，张氏将此楼的房地契证交予林鸿赉办理过户赠予手续，作为临别纪念。

旧居建于1935年，英国别墅式住宅楼房，占地面积3300平方米，楼房建筑面积1238平方米，另有平房59平方米。主体建筑为砖木结构带半地下室二层楼房。人字屋架，红缸砖清水墙，多坡出檐屋顶，配以硬木平窗。楼体前立面中部前凸，两翼稍作退线。入口两侧配以圆柱，其上虚设大跨度券式门楣，经石阶进拱形门厅。建筑保存完好。

林鸿赉旧居

林鸿赉旧居正面

林鸿赉旧居内景

32. 张自忠旧居

和平区成都道60号为张自忠旧居。张自忠（1891～1940年），山东临清人，著名抗日将领，民族英雄。1940年5月6日，张自忠以"中华民国"上将衔陆军中将之职战死，1940年，国民政府追授其陆军二级上将军衔。

旧居为砖木结构，二层楼房，建筑面积1999平方米。外檐中部由方柱支撑，形成上下两层内廊，设金属护栏。首层两翼外凸，呈多边形，上筑阳台。顶层为平顶，后楠设过桥与后楼相接。建筑立面处理遵循现代简约风格，采用天津地方材料，造型朴实无华。

张自忠旧居

内景

楼梯

33. 李氏旧居

　　和平区河北路239号为李氏旧居。旧居为李吉甫之子1937年建造，著名建筑师齐玉舒设计，砖混结构。主体为二层、局部三层的西式楼房，建筑面积2496平方米。首层入口由石柱支撑，形成门廊，右侧上方筑长方形平台，上置金属护栏。二层开一列平窗，檐下转角处设跨甬阳台，其上筑半圆雨厦。外棫墙水泥饰面，大坡顶，顶部开有多处天窗。

李氏旧居正面

李氏旧居背面

李氏旧居辅楼

34. 李勉之旧居

　　和平区睦南道74号为李勉之旧居。李勉之（1898～1976年），字宝时，天津人，早年留学德国，攻读机械专业。1932年承继父业任华新纺织董事，中天电机厂董事长、经理。

　　旧居由奥地利工程师盖苓设计，1937年建成。砖木结构，二层别墅式楼房，共四幢，建筑风格相同，每幢建筑面积984平方米。外檐砌花岗石基础，琉缸砖墙体，卵石混水罩面。券洞门入口。屋顶坡平结合，设有屋顶平台。

李勉之旧居

35. 疙瘩楼

　　和平区河北路279~293号（单号）为疙瘩楼。疙瘩楼是英商先农公司建造的商品住宅。意大利建筑师鲍乃弟设计。为砖木结构的四层联体公寓式住宅楼，建筑面积6449平方米。大楼设6个券洞式入口，由院墙分隔形成独立的单元。建筑墙体采用的疙瘩砖为天津本地砖窑生产，因烧制过火而出现疙瘩。建筑师以此为立面材料，形成该建筑的特色。

疙瘩楼全景

疙瘩楼单元入口

36. 卞万年旧居

和平区云南路57号为卞万年旧居。卞万年为恩光医院首任院长，著名银行家卞白眉之子。

旧居建于1937年，是著名华裔建筑师贝聿铭的早期作品。砖木结构，建筑面积 889平方米。整栋楼坐西朝东，西面为三层人字组合造型，顶部为"人"字形大坡瓦顶，门窗造型方圆各异。整个建筑层次分明、错落有序，建筑小巧别致，风格独特，保存完好。

卞万年旧居

卞万年旧居侧面

37. 周叔弢旧居

和平区睦南道129号为周叔弢旧居。周叔弢（1891～1984年），中国古籍收藏家、文物鉴藏家，是中国北方民族工商业代表人物。

旧居为砖木结构，二层小楼。该楼红瓦坡顶，上筑"人"字形天窗。正立面一侧出台，琉缸砖清水墙面，外形精巧别致，简洁大方。

周叔弢旧居

38. 孙季鲁旧居

和平区郑州道20号为孙季鲁旧居。孙季鲁曾任天津裕蓟盐务公司经理。

旧居建于1939年，由雍惠民设计、监造。三层砖混楼房，建筑面积210平方米。平面呈"L"形布局，夹角部为弧形平顶三层塔楼，底层、二层为阳台式门厅，三层镶弧形玻璃窗。临街楼面二层亦筑弧形阳台，其上筑弧形雨厦与之对应。外立面方圆结合，均为琉缸砖墙体。内檐装修精致，走廊施彩色水磨石地面，客厅、居室镶菲律宾"人"字形地板，天花板堆做花饰。建筑小巧玲珑，做工精细，是天津别具一格的现代风格小洋楼。

孙季鲁旧居正面

孙季鲁旧居侧面

39. 伪满洲国领事馆旧址

　　和平区睦南道26号为伪满洲国领事馆旧址。该建筑是曾任"中华民国"政府总理、中华民国驻美国公使、天津大陆银行董事长颜惠庆在津的旧居。1931年九一八事变后，颜惠庆被南京国民政府任命为中国驻国联代表团首席代表，故将此楼转给大连永源轮船公司经理李学孟居住。1943年李学

孟又将该建筑物以每月满洲国圆3000元的价格出租给满洲国作为满洲国驻天津领事馆使用，直至1945年日本在第二次世界大战中宣告战败。

旧址建于20世纪20年代，砖木结构，三层现代风格楼房，建筑面积2553平方米。清水墙，局部施琉缸砖装饰。二、三层之间由方形砖柱支撑，呈四联券阳台，护栏外凸呈半圆波浪式造型。阳台及平台逐层退线收分，平顶出檐，外观层次感强。楼内有舞厅、客厅、佛堂等，均设有壁炉，内装修考究。

伪满洲国领事馆旧址

谦祥益绸缎庄旧址

第七批全国重点文物保护单位

谦祥益绸缎庄旧址位于红桥区估衣街94号。谦祥益（保记）绸缎庄开办于1917年，为山东章丘孟广宦（字养轩）创办，是中国历史悠久，以信誉著称的老字号之一。

该建筑坐北朝南，由东西两部分组成，占地面积2246平方米，建筑面积4100平方米。

旧址为砖木结构，叠梁式屋架。砖砌高墙大门，入口为西式圆形立柱，上承连弧拱券，两侧墙面饰巨幅浮雕仙鹤图。前院为天井式，顶部设钢架大罩棚，前檐饰铁花栏杆和云子。店内西半部营业大厅为二层外廊式，楼上中部空间装大罩棚，回廊木柱、栏杆、檐板、楣子等花饰精致。东半部为办公用房，纵向分三个院落，均为二层外廊式楼房，开间以木隔扇相隔，内外装修具有中国传统商业风貌特色。

谦祥益绸缎庄旧址具有近百年历史，是我国重要的近代商业遗产，其中西合璧式的建筑形式反映了天津民国时期建筑的历史风貌，是该时期商业繁荣的历史见证。

2013年，谦祥益绸缎庄旧址由国务院公布为第七批全国重点文物保护单位。

匾额

谦祥益绸缎庄正面

一楼内景

一楼内景

内景

内景

　　黄海化学工业研究社旧址位于滨海新区塘沽解放路338号，现天津碱厂俱乐部东侧。1922年8月，为打破当时西方国家的技术垄断，著名爱国实业家范旭东先生个人出资10余万银元在原久大精盐厂化验室的基础上创建黄海化学工业研究社，孙学悟任社长，张子丰任副社长。该社人才济济，聚集了张克思、徐应达、聂汤谷等一大批化工专业人才，出版了《海王星》等专业刊物，研究成果累累。黄海化学工业研究社在成立之初，主要是协助久大精盐公司、永利碱厂调查和分析原燃物料，对长芦盐场盐卤的应用进行实验，其次是为今后永利碱厂开拓新的产品在技术上打下基础。1935年，研究社试炼出中国第一块金属铝样品，并将其铸成飞机模型以纪念。1931年，研究社成立菌学研究室，开展对酒精原料和酵母的研究，推动了中国菌学及酒精工业的发展。1937年七七事变以后，天津塘沽沦陷，黄海化学工业研究社在战时随久大精盐、永利碱厂一同迁往内陆地区并继续开展研究直至抗战结束。1950年迁址北京，1952年并入中国科学院。

　　旧址为英别墅式砖混结构灰色二层楼房，坐北朝南，占地面积440平方米。现为黄海化学工业研究社纪念馆。

　　黄海化学工业研究社是中国第一个私立化学工业研究机构，在潜心30年化学研究的历程中，为永利制碱厂、久大精盐公司解决生产技术上的难题，造就和培养了一批科研技术人才，为民族化工业发展作出了巨大贡献。

　　2013年，黄海化学工业研究社旧址由国务院公布为第七批全国重点文物保护单位。

黄海化学工业研究社旧址门厅

天津工商学院主楼旧址

第七批全国重点文物保护单位

　　天津工商学院主楼旧址位于天津市河西区马场道117号。天津工商学院为法国天主教会献县教区耶稣会在天津创办的中国第二所天主教大学。建筑群包括主楼、宿舍楼和办公楼。主楼建于1925年，由法商永和工程公司设计，1926年建成投入使用。天津最早的建筑教育事业始于该院建筑系，是中国近代建筑教育的先驱者和实践者，不仅造就了诸如沈理源、陈炎仲、华南圭、高镜莹、谭真、张镈、阎子亨、冯建逵等一大批中国早期著名建筑师、工程师和建筑教育家，该系的教学体系、课程设置、学术风格以及所培养的人才的学术造诣都奠定了天津工商学院建筑系在中国建筑教育沿革中的重要地位。抗日战争爆发后，天津大部分高等学校南迁，一些留津的知名学者，如物理学家马沣、地理学家侯仁之、语言学家朱星等都应聘到该校任教，成为华北地区有较

大影响的学校之一。1970年，该建筑由天津外国语学院使用，现为天津外国语大学主楼。

　　主楼坐南朝北，正面面对马场道，总建筑面积为4917平方米，为三层混合结构，带地下室，平面呈"H"形，用封闭式外廊连接所有教室。立面富于变化，首层大块蘑菇石墙面，正中设"凸"字形大平台，下作四组塔司干双柱组成的门廊。屋顶为曼塞尔式，前后各设大圆钟一座，用巴洛克式券罩和断山花予以保护并突出，拱券形门洞。一层为弧券窗，二、三层为矩形窗。室内装修讲究，门厅、大厅、内廊均采用彩色马赛克美术图案，建筑主门厅居于正中，正厅内悬有利玛窦、南怀仁画像，墙壁正中悬挂着南怀仁绘制的巨幅《坤舆万国全图》。地面、教室、办公室为人字地板。钢筋混凝土楼梯装带铁护角，黑漆方铁花饰透孔栏杆木扶手。建筑西翼设单独出入的教堂，教学楼内是教堂的作法，在国内罕见。天津工商学院主楼见证了20世纪初西方文化在天津的传播，其欧式建筑的风格，造型独特，具有极高的历史艺术价值。

　　2013年，天津工商学院主楼旧址由国务院公布为第七批全国重点文物保护单位。

天津工商学院主楼

天津工商学院主楼券窗

天津工商学院主楼东侧

天津工商学院主楼屋顶

后 记

　　《天津市全国重点文物保护单位概览》从酝酿到成书，历时两年，终于付梓了。在本书的编辑过程中，天津市16个区县的文化广播电视局（文化局和旅游局）、各文物保护单位管理机构和使用人都给予了鼎力支持；田秀静、周美玲、蔡习军、高金铭、周建、王德发、马文艳、李月华、孙凤婷、王宝红、郭全利、李鑫桥、王冬、段德融、吴丹、黄立志、刘福宁、刘建国、李松鸣、赵金港、张大荣、魏东海、徐燕卿、刘强、宋卓、曹琳、祖红霞、田洪梅、邹万霞、李寿祥、张志鹏、马英、张铁军、王凤忠、贾世清、张清顺、郑秋悦、田继业、辛慧然、窦如莲、王建军、段睿等本市文物同行以及文物出版社更是给予了大力协助，谨此一并表示感谢！

编者

2016年3月